中等职业教育“十二五”规划教材

汽车整车故障检测

主编　刘宾发　周永钢

航空工业出版社
北京

内 容 提 要

本书以项目教学为引领，以工作任务为主线，以实践为导向，图文并茂，通俗易懂地讲解汽车检测的方法及步骤。全书共选取了汽车发动机性能的检测、汽车底盘性能的检测、汽车电气设备的检测、汽车环保性能的检测四个项目，主要包括发动机综合性能检测，发动机故障诊断检测，汽车四轮定位检测，汽车制动、侧滑、平衡、转向检测，汽车蓄电池检测，汽车前照灯检测，车速表检测，汽油发动机废气检测，柴油发动机废气检测，汽车噪声的检测等内容。

本书可作为中等职业学校、远程教育和培训机构的汽车检测教材，也可供广大汽车检修从业人员学习参考和作为职业鉴定前的应试辅导。

图书在版编目（CIP）数据

汽车整车故障检测 / 刘宾发，周永钢主编. -- 北京：航空工业出版社，2015.4

ISBN 978-7-5165-0721-6

Ⅰ. ①汽… Ⅱ. ①刘… ②周… Ⅲ. ①汽车－故障检测 Ⅳ. ①U472.9

中国版本图书馆 CIP 数据核字(2015)第 070239 号

汽车整车故障检测

Qiche Zhengche Guzhang Jiance

航空工业出版社出版发行

（北京市朝阳区北苑 2 号院　100012）

发行部电话：010-84936597　　010-84936343

北京忠信印刷有限责任公司印刷　　全国各地新华书店经售

2015 年 4 月第 1 版　　2015 年 4 月第 1 次印刷

开本：787×1092　1/16　　印张：11.25　　字数：260 千字

印数：1—5000　　定价：29.80 元

前言

本书是根据《国家中长期教育改革和发展规划纲要（2010—2020）》的要求，为培养中职汽车运用与维修专业领域技能型人才而编写的。本书紧密结合汽车相关行业的岗位实际，符合中等职业学校课程改革和教材建设的需要，可更好地为中等职业学校深化教学改革服务。

具体来说，本书具有以下几个特点。

1．贴近岗位实际。本书根据当前实际，对汽车整车故障检测的常见作业内容和作业量进行了调查，以汽车相关行业工作岗位所需的知识和技能为出发点，与岗位实际相结合，力求让学生能够学以致用。

2．理论够用，实训为主。本书秉着“理论够用，实训为主”的原则，在内容的选取上具有针对性，注重培养学生的实践能力，并以就业为导向，以能力为本位，面向社会，体现职业教育的特色，更贴合企业实际作业内容。

3．步骤清楚，图示丰富。本书每个任务的检测过程都有详细的操作步骤，并配有大量的仪器操作界面截图，学生可根据书中讲解轻松完成相关检测。

4．体例新颖，结构合理。本书采用项目化教学模式，每个项目包含若干教学任务，通过任务训练，实现“做中学，学中做”的一体化教学思想，最大限度地培养学生的自主学习能力和分析、解决实际问题的工作能力。

本书在编写过程中参阅了一些资料和书籍，并得到部分企业和有关人员的大力支持，在此一并表示感谢。

本书由刘宾发、周永钢担任主编，邹垂芳、徐忠华担任副主编，徐清华、程龙圣、董辉荣参编。

由于编者经历和水平有限，书中难免存在疏漏和不当之处，敬请读者批评指正。

另外，本书配有丰富的教学资源包，读者可登录北京金企鹅联合出版中心网站（www.bjjqe.com）下载。

编　者

2015 年 3 月

目录 Contents

绪　论

一、课程目标设计

通过本课程的学习，学生可以达到如下目标。

① 能描述汽车检测设备的作用、类型、结构和工作过程。

② 能够在特定情境下，按照“资讯、决策、计划、实施、检查、反馈”的工作过程六步骤，主动收集、分析和组织工作信息。

③ 正确使用汽车常用检测设备，对汽车发动机、汽车底盘、汽车电气设备、汽车环保性能进行检测。

④ 初步掌握检测值与车辆故障之间的关系及判断相关故障原因的方法。

⑤ 能够确认工作角色，运用合作方法，优化工作流程，并准确地进行自我评价、互相评价。

⑥ 能够在工作小组中密切合作，安全操作，认真作业，以良好的质量完成学习和工作任务。

二、课程内容设计

本书以项目教学为引领，以工作任务为主线，以实践为导向，选取了汽车发动机性能的检测、汽车底盘性能的检测、汽车电气设备的检测、汽车环保性能的检测四个项目，主要包括发动机综合性能检测，发动机故障检测，汽车四轮定位检测，汽车制动、侧滑、平衡、转向检测，汽车蓄电池检测，汽车前照灯检测，车速表检测，汽油发动机废气检测，柴油发动机废气检测，汽车噪声检测等 10 个典型工作任务，如表 0-1 所示。

表 0-1 汽车故障检测课程设置

序号	项目名称	工作任务	能力目标	课时分配
1	汽车发动机性能的检测	发动机综合性能检测	（1）描述发动机综合分析仪的检测项目及检测时的注意事项 （2）正确操作发动机综合分析仪，对发动机进行检测 （3）根据发动机综合分析仪测量参数，对发动机性能进行分析判断	12
		发动机故障检测	（1）描述电眼睛解码器的检测项目及检测时的注意事项 （2）能正确操作电眼睛解码器，读取汽车故障代码 （3）正确测量数据流 （4）能消除故障代码	8
2	汽车底盘性能的检测	汽车四轮定位检测	（1）描述汽车四轮定位仪的作用、类型、结构和工作过程 （2）正确操作汽车四轮定位仪，对车辆进行检测 （3）根据四轮定位仪测量参数对被检车辆进行调整	6
		汽车制动、侧滑、平衡、转向检测	（1）描述汽车制动跑偏、侧滑的原因 （2）利用汽车检测线对汽车制动、侧滑、平衡、转向进行检测 （3）描述汽车检测线的使用注意事项	6
3	汽车电气设备的检测	汽车蓄电池检测	（1）描述蓄电池的构造和性能 （2）在车上熟练拆卸、安装蓄电池 （3）对蓄电池技术状况进行检测 （4）对蓄电池常见故障进行诊断和排除	6
		汽车前照灯检测	（1）描述前照灯的作用、分类及构造 （2）能按照正确操作步骤用前照灯检测仪对前照灯进行检测调整 （3）对前照灯常见故障进行诊断和排除	6
		车速表检测	（1）描述汽车车速表的原理、功能及应用情况 （2）正确操作车速表测试台，对车速表进行检测 （3）描述车速表测试台的使用注意事项	6
4	汽车环保性能的检测	汽油发动机废气检测	（1）描述汽油发动机排气分析仪的作用、类型、结构和工作过程 （2）能按照设备操作步骤，正确使用汽油发动机废气分析仪 （3）根据汽油发动机排气分析仪测量参数，判断发动机故障原因	6
		柴油发动机废气检测	（1）描述烟度计的作用、类型、结构和工作过程 （2）能按照设备操作步骤，正确使用烟度计 （3）根据烟度计测量参数，判断柴油发动机故障原因	6
		汽车噪声检测	（1）描述声级计的作用 （2）能按照设备操作步骤，正确使用声级计 （3）描述声级计的使用注意事项	6

三、课程教学资源设计

① 多媒体一体化教室；
② 各品牌教学整车、汽车综合性能检测线、汽车故障检测诊断设备等；
③ 专业教学软件；
④ 汽车技术应用资料网站；
⑤ 各类汽车维修手册；
⑥ 合作企业实际工作环境。

四、教学建议

本课程是汽车专业必修的技术课程，是基于汽车检测维修工岗位的实际工作任务而设置的项目课程。本书的项目按工作过程系统化原则组织编写，将项目工作流程“咨询—决策—计划—实施—检验—评估”与汽车检测行业的“检测维修接待—收集信息—制定检测方案—实施检测作业—检测结果检验—业务考核”相结合，确定了本书的编写思路，即“检测维修接待（布置任务）—信息收集与处理—制定检测计划—实施检测作业—检验与评估”。

本书建议按工作过程系统化项目教学和任务驱动组织教学，以解决维修案例为主线，将汽车检测设备的使用、故障诊断与检修方法等渗透到各项目或任务中，在完成任务的同时展开学习，边学边做任务。通过项目训练，实现“做中学，学中做”的一体化教学思想。同时，建议创建汽车检测站，模拟企业工作环境，从具体车辆典型故障案例入手，按企业检测流程实施项目教学。在教学过程中，要求体现以教师引导、学生训练为主的现代职业教育理念（职业活动行动导向教学法），在培养学生专业能力的同时全过程渗透职业核心能力训练，提高学生解决问题和实际工作的能力。

项目一　汽车发动机性能的检测

任务一　发动机综合性能检测

任务导入	王先生的一辆 2006 款一汽丰田卡罗拉汽车在使用过程中出现动力下降、油耗增加的现象，送入维修厂进行维护
任务目标	了解发动机综合分析仪的检测项目和操作规范 掌握发动机综合分析仪的使用方法 能够根据仪器的测量参数对发动机综合性能进行分析判断
任务实施	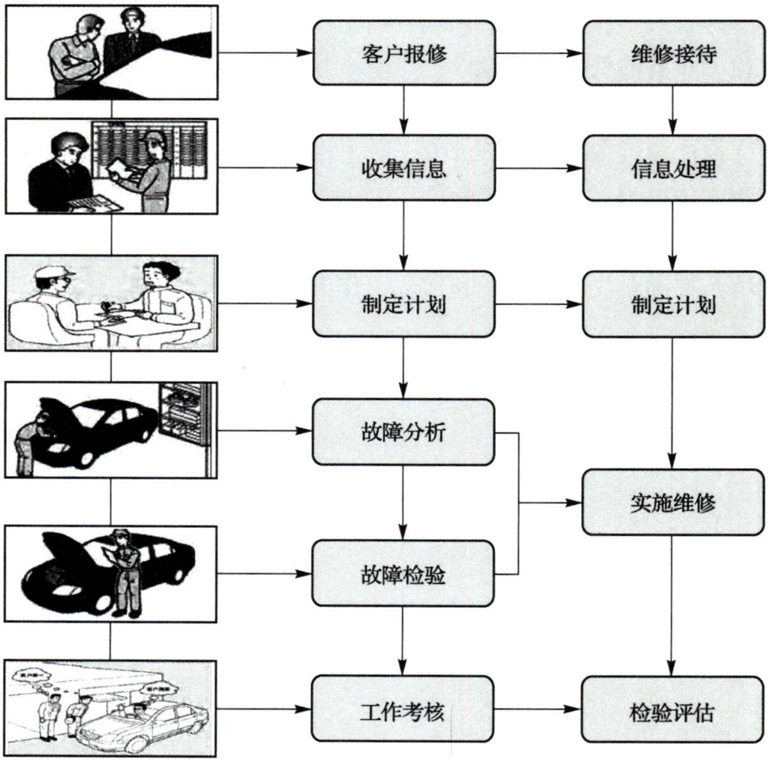

一、维修接待

按照表 1-1-1 进行任务一的维修接待，并准确填写接车问诊表。

表 1-1-1　维修接待与接车问诊表

1. 通过询问客户了解车辆使用情况，填写接车问诊表
2. 车间检测初步确认结果：进行汽车发动机综合性能检测

接 车 问 诊 表

车牌号：__________　车架号：______________　行驶里程：_______（km）

用户名：__________　电　话：______________　来店时间：___/___

用户陈述：一辆 2006 款一汽丰田卡罗拉汽车使用过程中出现动力下降、油耗增加的现象

接车员检测确认建议：进行汽车发动机综合性能检测

车间检测确认结果及主要故障零部件：利用便携式发动机综合性能分析仪进行检测确认

车间检查确认者：__________

外观确认：

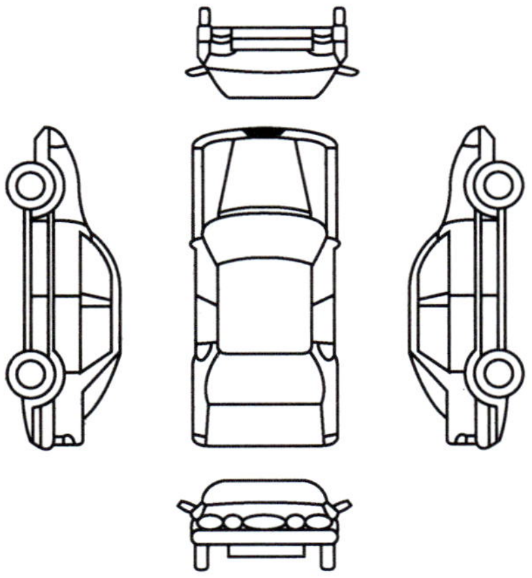

（请在有缺陷部位作标识）

功能确认：（工作正常 √　不正常×）

□音响系统　□门锁（防盗器）　□全车灯光

□工具　□后视镜　□天窗

□座椅　□点烟器　□玻璃升降器

□玻璃

物品确认：（有 √　无×）

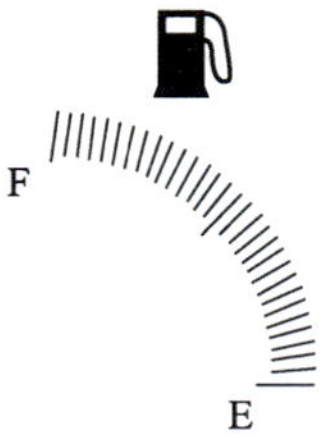

□贵重物品提示

□工具　□备胎

□灭火器

□其他（　　　　）

旧件是否交还用户

□是　□否

用户是否需要洗车

□是　□否

• 检测费说明：本次检测的故障如用户在本店维修，检测费包含在修理费用内；如用户不在本店维修，请您支付检测费。本次检测费：¥______元

• 贵重物品：在将车辆交给我店检查修理前，已提示将车内贵重物品自行收起并保存好，如有遗失恕不负责

接车员：____________________　用户确认：____________________

二、信息收集与处理

（一）仪器的主要技术性能

本任务选用的检测仪为元征 EA3000 便携式发动机综合性能分析仪。

1. 额定使用条件

① 温度：0～50℃；

② 相对湿度：＜90%；

③ 主机电源：DC12 V；

④ 主机功率：约 20 W。

2. 测量范围

① 借助仪器的无外载测功的功能检测汽车发动机的动态性能，为营运车辆的等级评定提供定量数据；

② 测试维修后车辆的质量及性能的恢复程度；

③ 对发动机各系统新结构和新技术的效果进行测试与分析；

④ 依靠仪器可将汽车的点火提前角、混合气浓度、怠速、排放指标、调速器和配气相位等参数调整到正确数值。

3. 结构组成

EA3000 便携式发动机综合性能分析仪由信号提取系统、前端处理器、高速信号采集处理、热键、故障码诊断系统、排放测试系统、LAUNCH 信息网络系统、24 针打印机、显示器与机柜等十大部分组成。其中，信号提取系统由各类夹持器、探针和传感器组成，与发动机的被测部位直接或间接连接以拾取被测信号。

（二）故障原因分析与处理

发动机动力下降的原因分析如表 1-1-2 所示。

表 1-1-2　发动机动力下降的原因分析

动力性下降的现象描述	随着汽车行驶里程和使用年限的增加，汽车的动力性下降，最高车速、加速能力、爬坡能力等均下降
动力性下降的原因分析	汽车动力性下降主要与发动机的性能有很大关系，如发动机的功率、点火系统的工作状况、汽缸密封性等。 除了发动机的影响之外，汽车的动力性还在不同程度上受到汽车运行条件的影响，如道路、气候、海拔高度、驾驶技术、技术保养与调整、交通规则与运输组织等。
结论	进行发动机综合性能检测时，重点选择与发动机功率有关参数进行检验。在汽车使用过程中，加强保养维护，采用正确的驾驶方法，合理的运输组织，充分发挥汽车的动力性能，以提高运输速度与运输生产率

发动机经济性下降的原因分析如表 1-1-3 所示。

表 1-1-3　发动机经济性下降的原因分析

经济性下降的现象描述	随着汽车行驶里程和使用年限的增加，汽车的燃油经济性下降，消耗燃油量增多
经济性下降的原因分析	汽车燃油经济性下降与发动机的性能有重大关系，如发动机功率、点火系统工作状况、发动机温度等
结论	进行发动机综合性能检测时，重点选择与燃油消耗有关的参数进行检验

（三）收集发动机综合性能信息

将发动机综合性能与检测信息填入表 1-1-4 中。

表 1-1-4　发动机综合性能检测信息

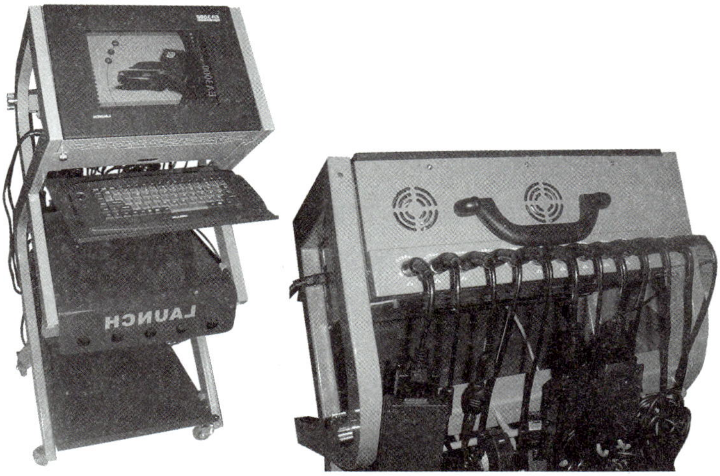 EA3000 发动机综合分析仪外形结构及背面接线图
1．发动机的性能指标有哪些？ 2．发动机技术状况的影响因素有哪些？ 3．发动机综合性能检测的项目包括哪些？

三、制定检测计划

（一）输入用户及车辆信息

① 进入检测界面。系统通过自检后首先进入主界面，如图 1-1-1 所示。在主界面中点

击“检测”图标，进入检测界面，再点击用户资料图标，界面提示用户首先输入所测车型的相关资料。

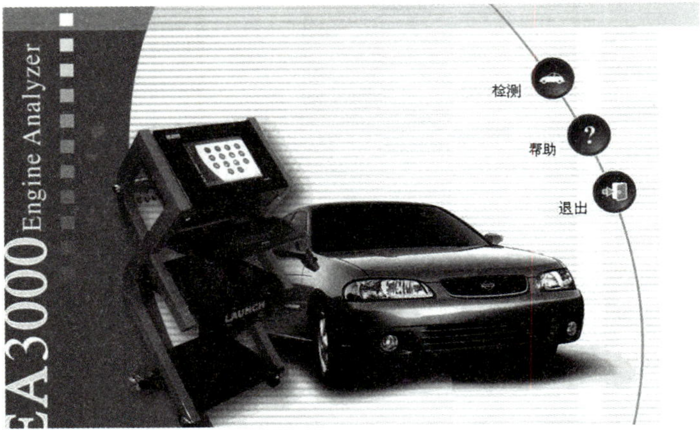

图 1-1-1　开机界面

② 用户必须先输入或在该栏位的下拉菜单中选择所测车辆的牌照号。若输入或选择的牌照号为以前测过车辆的牌照号，则系统自动在相关的栏位内弹出以前输入的该车辆的相关信息，然后可直接按“确定”，确认本次输入。如果新增加的车牌号码在主机数据库中已经存在，则会弹出对话框，提示是否删除原有测试记录。

③ 若想改变以前输入的有关信息，应先点击“修改”按钮，否则系统会提示“修改用户参数请点击‘修改’按钮”。改变以前的信息后，再按“确定”按钮将弹出对话框“该记录的汽车类型、冲程、点火次序、发动机缸数、点火方式其中之一已被修改，如果保存，则它在数据库中原有的测试记录都将被删除！您确认吗？”，选择“是”，系统将确认本次修改；选择“否”，系统将返回用户数据设定界面，供用户重新输入。

④ 若为新测车辆须再按以下步骤操作。

a. 选择“汽车类型”→选择“汽车冲程数”→选择“汽车发动机缸数”→选择或手动输入“汽车点火次序”→选择“点火方式”。

b. 若用户准备测试无外载测功，则必须输入汽车的额定功率。否则，在无外载测功界面打印的结果表单中无测试数据。

c. 其他项目用户可根据需要手动输入。

d. 用户数据输入完毕后，点击“确定”按钮，完成数据录入，进入测试界面。

e. 点击“修改”可对确认过的信息进行修改，否则系统将弹出对话框提示“修改用户参数请点击‘修改’按钮”。

f. 点击“删除”可清空所有输入项。

g. 点击“退出”可取消该次操作。

⑤ 该项操作中还有其他提示性对话框，可根据需要选择执行，在此不一一介绍。

⑥ 用户数据输入完毕后，点击“确定”按钮，进入检测界面，如图 1-1-2 所示。

图 1-1-2　检测项目界面

（二）选择测试项目

进入检测界面后可以在检测菜单中选择所要测试的项目，只要点击所要测试的项目，就可进入此项检测菜单。检测菜单项目结构层次如下。

1．用户资料。

2．汽油机。

（1）初级点火信号；

（2）次级点火信号；

（3）点火提前角；

（4）动力平衡；

（5）汽缸效率分析；

（6）起动电流、电压；

（7）充电电流、电压；

（8）汽缸相对压缩压力；

（9）进气管内真空度；

（10）温度信号；

（11）废气分析；

（12）车速稳定性分析；

（13）无外载测功。

3．柴油机。

（1）喷油压力；

（2）喷油提前角；

（3）起动电流、电压；
（4）充电电流、电压；
（5）自由加速烟度分析；
（6）转速稳定性分析；
（7）无外载测功。
4．电控发动机。
（1）转速传感器；
（2）温度传感器；
（3）进气管真空度传感器；
（4）节气门位置传感器；
（5）爆震信号传感器；
（6）氧传感器；
（7）空气流量传感器；
（8）喷油脉冲；
（9）车速传感器。
5．诊断（选配）。
6．测试记录。
（1）测试波形回放；
（2）测试数据查询。
7．实用工具。
（1）数字万用表；
（2）数字示波器。
8．参数设定。
（1）排气分析仪设置；
（2）烟度分析仪设置；
（3）检测线通讯设置。

（三）测试前仪器的准备

在测试前先开机预热 20 min。

（四）汽油机性能检测

汽油机性能检测包括十三个项目的检测。依次点击“检测”“汽油机”后出现的界面称为“汽油机检测”菜单，如图 1-1-3 所示。后续检测任务都是在“汽油机检测”菜单中点击所要测试的项目开始的。

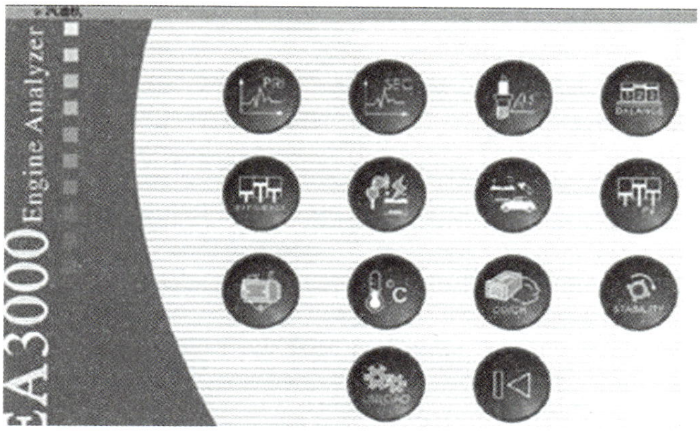

图 1-1-3　汽油机检测菜单

1. 初级点火信号

（1）连接

1）常规点火系统

首先将电瓶充电电压测试线（1280403）的红、黑夹分别夹在电瓶的正、负极上，将初级点火信号适配器（1280401）的红、黑色探头分别连接到点火线圈的正、负极，再将一缸信号适配器（1280406）夹在一缸高压线上，如图 1-1-4 所示。

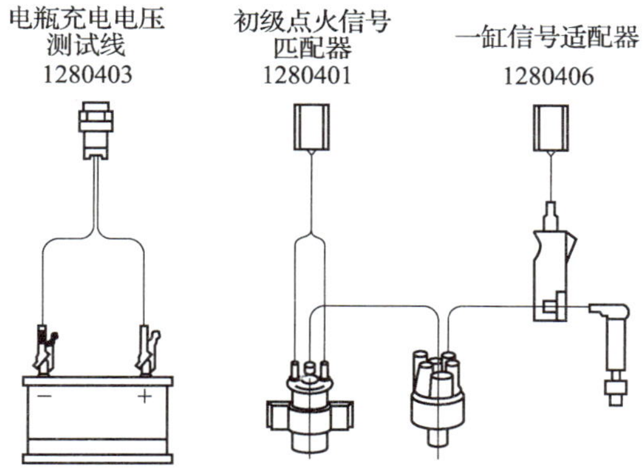

图 1-1-4　常规初级点火波形测试接线示意图

2）直接点火系统（包括单缸和双缸独立点火系统）

首先将电瓶充电电压测试线的红、黑夹分别夹在电瓶的正、负极上，再将单双缸初级信号提取适配器（1280401-1DIS）的各探针依次接入各缸的波形输出端。

注　意

有些直接点火车辆的初级信号放大器内置在点火线圈内，接线端只能测到初级信号的触发信号。

(2) 操作步骤

在“汽油机检测”菜单下点击“初级信号”图标，系统即进入初级信号检测界面，然后起动发动机即可测到初级点火波形。界面说明如下。

① 点击“停止”图标，系统即停止采集，同时“停止”图标变为“测试”图标；再点击此图标即可恢复测试，同时“测试”图标恢复为“停止”图标。

② 点击“波形选择”图标，系统弹出波形选择窗口，可在其中选择其他波形的显示形式。

③ 点击“选择缸号”图标，在系统弹出的小窗口中可选择显示每一缸或所有缸的初级波形。

④ 点击“显示调整”图标，系统即弹出显示调整窗口，用户可根据需要点击相应图标进行 X 轴单位的调整和将波形进行横向和纵向的平移及缩放。

⑤ 点击“保存数据”图标，系统将当前特征值保存到数据库。

⑥ 点击“保存波形”图标，系统可将当前界面波形保存于指定目录。

⑦ 点击“图形打印”图标，可对界面有效区域进行图形打印。

⑧ 点击“返回”图标，可返回上级菜单。

⑨ 点击“帮助”图标，系统将进入帮助系统，可以查看相关正确与故障波形供参考。

⑩ 点击“显示专家分析”图标，可显示本项目测试的智能提示内容。

⑪ 在初级点火平列波形界面点击“波形选择”图标，在弹出的窗口中选择“直方图”图标，系统即可切换到默认特征点的直方图测试界面。正常缸特征点直方图为绿色，有故障或不良的缸特征点直方图为红色。

提 示

下文中检测环节的图标操作含义（界面说明）与以上这些图标操作含义相同。

2. 次级点火信号

元征 EA3000 便携式发动机综合性能分析仪具有强大的点火波形检测、处理、分析的能力。它不仅具有对次级点火波形进行平列波、并列波、阶梯波、重叠波的分析检测能力，还能将次级点火信号的击穿电压、火花电压、火花持续时间、闭合角和重叠角等 5 个特征值的动态过程以直方图、折线图和数据表的形式显示出来。

(1) 次级点火信号测试的接线方法

点火系统按点火形式分为常规点火系统（有分电器的点火系统）、单缸点火系统和双缸点火系统三种。不同点火系统的接线方法不同，现分述如下。

1）常规点火系统

首先将电瓶充电电压测试线（1280403）的红、黑夹分别夹在电瓶的正、负极上，将红色次级信号夹夹在中心高压线上（从适配器 1280408 的红色 BNC 头引入设备），一缸信号适配器（1280406）夹在一缸高压线上，如图 1-1-5 所示。

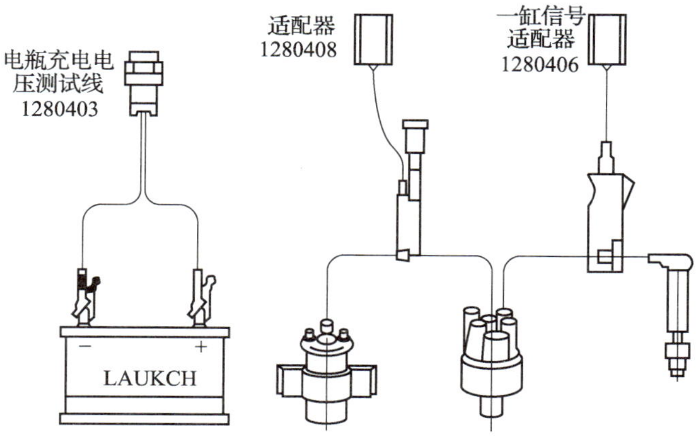

图 1-1-5　常规点火接线示意图

2）单缸点火系统

首先将电瓶充电电压测试线的红、黑夹分别连接到电瓶的正、负极上，再将同步信号适配器（1280406-1）接在一缸喷油嘴或初级信号线上（必须是有效的信号线，二者只能选其一），最后将与所测车型相对应的次级信号感应片卡在点火线圈上，并通过次级信号转接线、跨接线（某些车辆不用接）和次级信号连接线接入单缸次级信号提取适配器（1280408-SX）相应的 BNC 头，如图 1-1-6 所示。

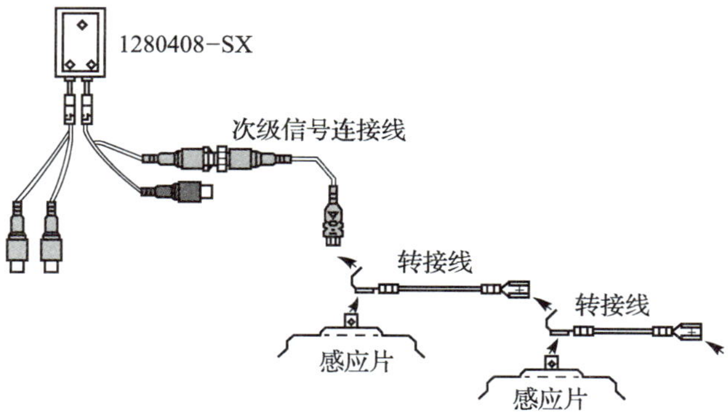

图 1-1-6　单缸独立点火系统接线示意图

注　意

① 喷油嘴信号线的连接方式：将喷油嘴信号线座拔开，再用转接线将其按原来的连接关系两两连接，将喷油嘴脉冲及同步信号适配器（1280406-1）的喷油脉冲测试探针头插入转接线的通用母插头，将信号取出，如图 1-1-7 所示。

② 喷油嘴信号线有两根，其中一根有效一根无效（相对喷油脉冲适配器而言）。验证有效无效的办法是先接其中一根，进入转速稳定性测试界面，看有无转速，若有转速则该信号线有效，若无转速则另一根信号线有效。

③ 不同的车辆需要选择不同的次级信号输入通道，若适配器输入通道标贴上的车型号与所测车辆的型号不相符，可能造成次级信号波形失真。

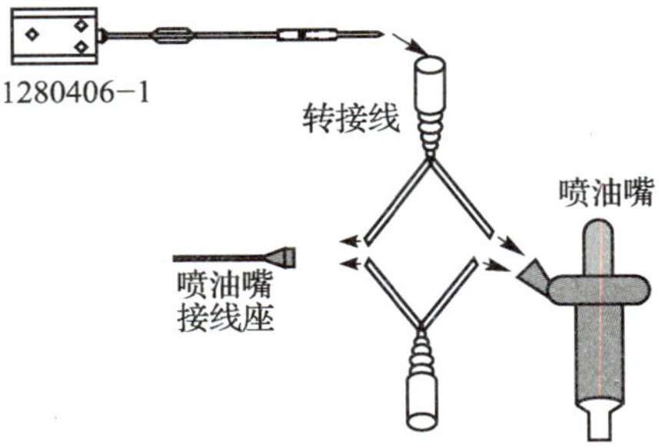

图 1-1-7　喷油嘴接线示意图

3）双缸独立点火系统

① 常规双缸点火系统

常规双缸点火系统泛指每两缸共用一个点火线圈，且点火线圈与火花塞之间均通过高压线连接的点火系统。常规双缸点火系统接线示意图如图 1-1-8 所示。

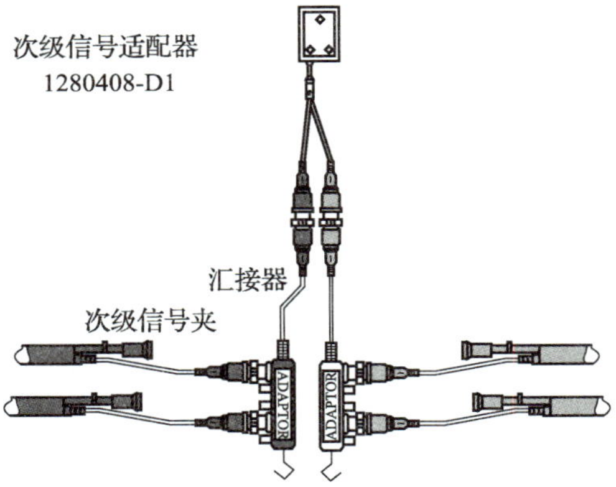

图 1-1-8　常规双缸点火系统接线示意图

a．单点喷射的常规双缸点火系统

单点喷射的常规双缸点火系统是指只在进气歧管的交汇处装有一个主喷射阀的常规双缸点火系统，如 BORA1.8。

将电瓶充电电压测试线的红、黑夹分别连接到电瓶的正、负极上，将一缸信号适配器（1080406）夹到一缸的高压线上，将红色次级信号夹夹在正触发高压线上，黑色次级信号夹夹在负触发高压线上，然后将次级夹按颜色标记分别接入红、黑次级信号汇接器，再将次级信号汇接器按颜色标记分别接入双缸次级信号适配器（1280408-D1）的红、黑 BNC 头。

b．多点喷射的常规双缸点火系统

多点喷射的常规双缸点火系统是指在各缸进气歧管上均装有喷射阀的常规双缸点火系统，如奥迪 A62.4。

首先将电瓶充电电压测试线的红、黑夹分别连接到电瓶的正、负极上，将喷油脉冲及初级同步信号适配器（1280406-1）接在一缸的喷油嘴或初级信号线上拾取同步信号，也可以用一缸信号适配器拾取同步信号。

然后将红色次级信号夹夹在正触发高压线上，黑色次级信号夹夹在负触发高压线上，然后将次级夹按颜色标记分别接入红、黑色次级信号汇接器，再将次级信号汇接器按颜色标记分别接入次级信号适配器（1280408-D1）的红、黑 BNC 头。例如，奥迪 A62.4 车型的 1，2，3 缸为负触发，4，5，6 缸为正触发。这种车的夹线方式为先取三个黑色次级夹分别夹取 1，2，3 缸的次级高压线，将三个黑色次级信号夹连接到黑色次级信号汇接器，再将黑色汇接器接入次级信号适配器的黑色 BNC 头；然后取三个红色次级信号夹分别夹取 4，5，6 缸的次级高压线，将三个红色次级信号夹连接到红色次级信号汇接器，再将红色汇接器接入次级信号适配器（1280408-D1）的红色 BNC 头。

进入用户数据设定界面，按照被测车辆的实际参数设置好车辆的冲程数、缸数，并将车辆的点火方式设置为“双缸点火”，同步方式设置为“喷油信号同步”。然后按“确定”，退出用户数据设置，返回检测界面。

依次点击“汽油机”图标、“次级信号”图标，系统即进入“双缸点火初始化”对话框，提示用户选择输入“红色通道有效点火缸号”，即正触发的缸号。用户只要点击从红色 BNC 头输入的次级信号夹所对应的缸号即可。选择完毕，按“确定”按钮，系统即进入次级信号测试界面。

② 直接双缸点火系统

直接双缸点火系统泛指每两缸共用一个点火线圈，其中一个缸的火花塞通过高压线与点火线圈连接，另一个缸的火花塞不通过高压线而直接与点火线圈连接，这种点火方式的系统称为直接双缸点火系统。

将电瓶充电电压测试线的红、黑夹分别连接到电瓶的正、负极上，将同步信号适配器（1280406-1）接在一缸的喷油嘴或初级信号线上拾取同步信号，也可以用一缸信号适配器拾取同步信号。

判断高压线的次级触发类型，按照高压线的触发类型选取与之相应颜色的次级信号夹（正触发信号接红色次级信号夹、负触发信号接黑色次级信号夹）夹取高压线，通过对应颜色的汇接器接入次级信号适配器的相应输入通道。

把次级信号感应片卡在点火线圈上，用次级信号转接线连接各个感应片，通过次级信号转接线、跨接线和次级信号连接线输入次级信号适配器的相应 BNC 头。感应片信号与高压线信号的触发方式相反，若高压线次级信号从红色 BNC 头输入，则感应片次级信号从黑色 BNC 头输入，否则反之，如图 1-1-9 所示。

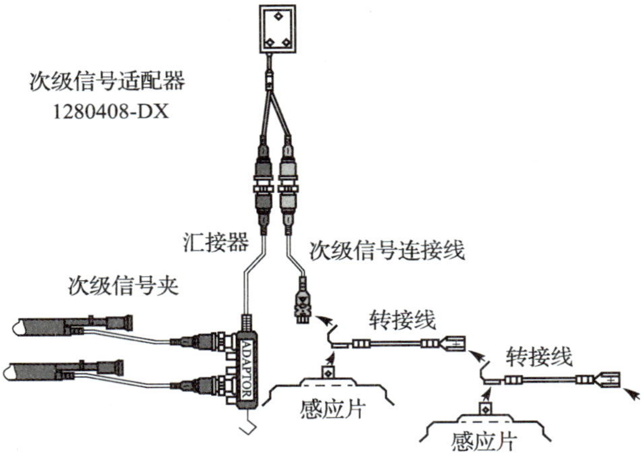

图 1-1-9　双缸独立点火系统接线示意图

进入用户数据设定界面，按照被测车辆的实际参数设置好车辆的冲程数、缸数，并将车辆的点火方式设置为“双缸点火”，同步方式根据实际夹取的同步信号源分别设置为“初次级同步”和“喷油同步”。然后按“确定”按钮，退出用户数据设置，返回主界面。

依次点击“汽油机”图标、“次级信号”图标，系统即进入“双缸点火初始化”对话框，提示用户选择输入“红色通道有效点火缸号”，即正触发的缸号。用户只要点击从红色 BNC 头输入的次级信号夹或次级信号连接线所对应的缸号即可。选择完毕，按“确定”按钮，系统即进入次级信号测试界面。

（2）双缸点火系统测试注意事项

① 次级信号正负触发方式的判断方法为选择常规点火方式，进入次级信号测试界面，把夹在各个缸的次级信号分别从次级信号拾取器的红色 BNC 头接入，若波形显示正常，则该缸的点火为正触发，否则为负触发。

② 用户数据设定中选择的同步方式应与实际夹取的同步信号相同，否则将造成缸号识别错误。同步方式分初次级同步和喷油同步，用一缸信号适配器（1280406）或同步信号适配器（1280406-1）的初级信号线提取同步信号时，选择“初次级信号同步”；用喷油信号提取同步信号时，选择“喷油信号同步”。

③ 用户需根据不同的车型选择与之相应的适配器，否则可能造成波形失真（设备配制了多种车型的次级信号适配器，适配器测试线上标有所测车辆的型号）。

④ 用户必须正确输入被测车辆的缸数、点火次序和正触发的缸号，正确夹持所有次级信号夹或次级信号感应片，否则可能会造成波形不能正常显示。

（3）测试方法

1）平列波

在“汽油机检测”菜单下点击“次级信号”图标，系统即进入次级信号测试界面（默认为平列波），然后起动发动机即可测得次级平列波。

2）并列波

在次级点火平列波形界面点击“波形选择”图标，在弹出的窗口中选择“并列波”图标，系统即可切换到并列波测试界面。

3）重叠波

在次级点火平列波形界面点击“波形选择”图标，在弹出的窗口中选择“重叠波”图标，系统即可切换到重叠波测试界面。

4）阶梯波

在次级点火平列波形界面点击“波形选择”图标，在弹出的窗口中选择“阶梯波”图标，系统即可切换到阶梯波测试界面。

5）直方图

在次级点火平列波形界面点击“波形选择”图标，在弹出的窗口中选择“直方图”图标，系统即可切换到默认特征点的直方图测试界面。

点击“选择缸号”图标，在下拉菜单中选择所测缸号；点击“参数选择”图标，在下拉菜单中有击穿电压、火花电压、火花持续时间、闭合角、重叠角可供选择。

正常缸特征点直方图为绿色，有故障或不良的缸特征点直方图为红色。

6）折线图

把选定的特征点按采集的先后顺序依次排列，然后用直线把相邻的特征点两两相连即可得到该特征点的折线图。折线图能反映车辆所测性能在测试的一段时期内的变化范围及趋势。

在次级点火平列波形界面点击“波形选择”图标，在弹出的窗口中选择“折线图”图标，系统即可切换到默认特征点的折线图测试界面。

点击“参数选择”图标，在弹出的窗口中选择参数。

7）数据表

在次级点火平列波形界面点击“波形选择”图标，在弹出的窗口中选择“数据表”图标，系统即可切换到数据表界面，并将测得所有缸的所有特征点数据显示于屏幕上。

3．点火提前角

在“汽油机检测”菜单中点击“点火提前角”图标，然后起动发动机。

连接好频闪灯，按下频闪灯电源按钮，将频闪灯对准曲轴飞轮或皮带轮上的一缸上止点标记处，调整频闪灯上的电位器，使闪光相位前后移动直到曲轴飞轮上的标记对准飞轮壳上的刻度零点或使皮带轮上的一缸上止点标记对准指示标记，如图 1-1-10 所示，此时显示器即会显示点火提前角数值。

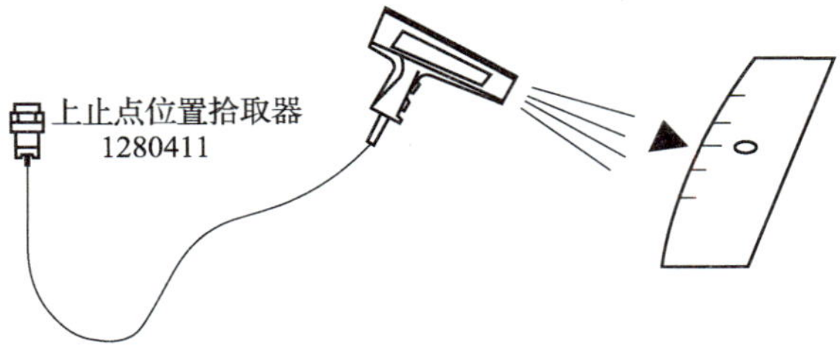

图 1-1-10　频闪灯测定点火提前角

4. 动力平衡

(1) 测试前的连接

在测试前，需将一缸信号适配器夹在一缸高压线上，初级点火信号适配器夹在点火线圈上（红正黑负）。

(2) 测试

在“汽油机检测”菜单中点击“动力平衡”图标，系统即进入动力平衡测试状态。

5. 汽缸效率测试

汽缸效率测试是根据汽车发动机各缸间歇工作造成转速微观波动的特点来高速采集各缸点火的间隔时间，通过计算各缸点火的间隔时间，求出各单缸的瞬时转速与平均转速得差值，作为判断各汽缸工作能力及比较各缸工作均匀性的指标。

与动力平衡相比，汽缸效率测试不必进行断缸测试，因而不会发生排气温度过高及催化转换酶中毒的情况，更适合于电子燃油喷射的车辆。

(1) 测试前的连接

将次级高压适配器与一缸信号适配器夹到相应的高压线上。不同点火形式的连接方法请参照“次级点火信号”的相关部分。

(2) 测试

在“汽油机检测”菜单中点击“汽缸效率分析”图标，系统即进入测试状态。

6. 起动电压、电流测试

(1) 测试前的连接

在检测前，须将大电流钳测试线夹在与电瓶相连的电动机电流线上（大电流钳测试线箭头的指向应与电流的流向相同），将电瓶充电电压测试线（1280403）的红、黑夹分别夹在电瓶的正、负极上，将一缸信号适配器（1280404）夹在一缸高压线上，如图 1-1-11 所示。

(2) 测试

在“汽油机检测”菜单中点击“起动电压、起动电流”图标，系统即进入起动电压、起动电流测试界面。点击“测试”，起动发动机，系统即可自动检测起动电压、起动电流波形并显示发动机当前转速、电瓶电压值、起动电压值、起动电流值。

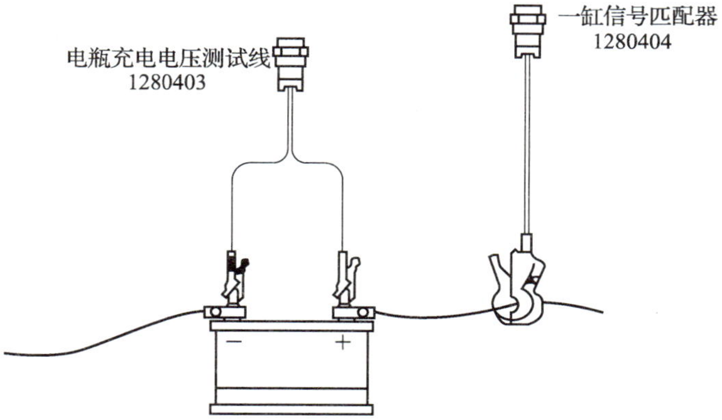

图 1-1-11 大电流钳测试线和电瓶充电电压测试线安装示意图

7. 充电电压、电流测试

（1）测试前的连接

在检测前，须将充电电压探针接在汽车发电机的正极，将电瓶充电电压测试线（1280403）的红、黑夹分别夹在电瓶的正、负极，将小电流测试线（1280405）夹在与电瓶相连的充电电流线上（小电流测试线上箭头的指向应与电流的流向相同），将一缸信号适配器夹在一缸高压线上，如图 1-1-12 所示。

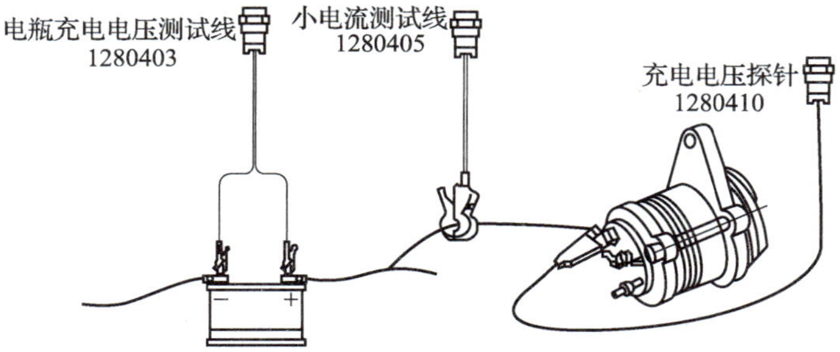

图 1-1-12 小电流钳测试线和电瓶充电电压测试线安装图

（2）测试

在“汽油机检测”菜单中点击“充电电压、充电电流”图标，系统即进入充电电压、充电电流测试界面。点击“测试”图标，系统即可自动检测充电电压波形并显示发动机当前转速、电瓶电压值、充电电流值。

8. 汽缸相对压缩压力测试

（1）测试前的连接

测试时的连接方法同起动电压、电流测试一样。

（2）测试

点击“测试”图标，系统即进入测试状态；如汽车已经起动，则会弹出对话框，提示用户先关闭发动机。

起动发动机，系统测试完毕将自动显示发动机起动转速、电瓶电压值、汽缸相对压缩压力直方图及起动电流波形。右侧坐标系内为起动电流波形及对应的各缸起动电流峰值，左侧为气缸相对压缩压力的百分比值的直方图。

9. 进气管真空度波形

（1）测试前的连接

在检测前，将进气压力测试线（1280407）上的橡胶软管通过三通连接到发动机真空管的接头处，将一缸信号适配器夹在一缸高压线上，如图 1-1-13 所示。

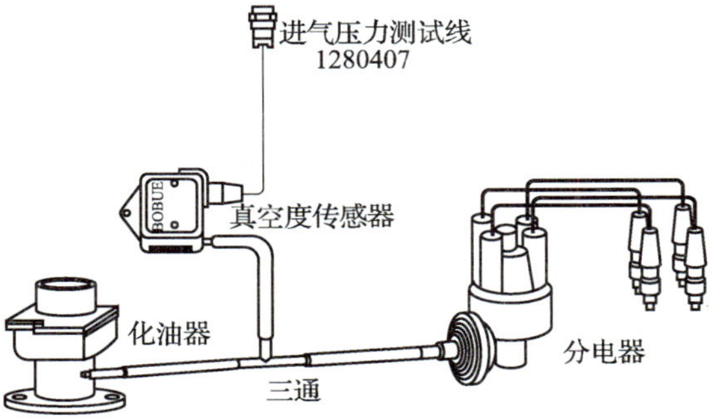

图 1-1-13　进气压力测试线安装示意图

（2）测试

在“汽油机检测”菜单中点击“进气管真空度”图标，系统即进入进气管真空度测试状态。

10. 温度测量

（1）测试前的连接

将温度测试线分别插入进气管口、机油尺口和冷却水箱口中。

（2）测试

在“汽油机检测”菜单中点击“温度测量”图标，系统即进入温度测试状态，并显示所测部位的温度及发动机的转速。

11. 废气分析

检测前先要起动发动机，使之工作温度正常。

（1）测试前的连接

使排气分析仪通过主机的 RS-232 接口与 EA3000 发动机综合分析仪正常联机，将废气测试管插入汽车排气管中。

（2）测试

在“汽油机检测”菜单中点击“废气分析”图标，系统即进入废气检测功能，默认界面为折线图。

12．转速稳定性分析

（1）测试前的连接

将一缸信号适配器夹在一缸高压线上。

（2）测试

在“汽油机检测”菜单下点击“转速稳定性分析”图标，系统即进入转速测试状态，并显示发动机的实时转速及在 32 个循环内的最高、最低转速；用户也可自行输入平均循环数。

13．无外载测功

无外载测功是指利用发动机在无外载加速运行过程中，其主要做功转化为其自身旋转元件的动能，从而求出其各个时段的瞬时功率及扭矩的一种测试方法。在检测前要求键入怠速转速、额定转速和当量转动惯量，当量转动惯量是测试过程中所有旋转元件换算到发动机曲轴处的转动惯量。本功能可用于车辆维修前后的动力性对比、汽车综合性能检测站的车辆等级评定，以及教学科研中的发动机功率及扭矩分析。

由于当量转动惯量计算复杂，因此本系统提供了转动惯量测试功能，输入怠速转速、额定转速和被测车辆的实际功率，即可测出当量转动惯量。

（1）无外载测功

1）测试前的连接

将一缸信号适配器夹在一缸高压线上。

2）测试

在“汽油机检测”菜单下点击“无外载测功”图标，系统即进入无外载测功测试界面，或点击“方式选择”图标选择“P”进入无外载测功界面。设定怠速转速 n_1、额定转速 n_2 和当量转动惯量。当量转动惯量可在同型号的车上通过测试得到，但此车必须保证处于良好的工作状态，一般小型车的当量转动惯量在 0.1～0.5 之间，大货车的当量转动惯量在 1.0～5.0 之间。

当记数为零时，请迅速踩下汽车油门踏板，使发动机尽可能快地将转速提高；当发动机转速超过设定的额定转速 n_2 时，立即松开油门，使发动机回到怠速工况，系统将自动检测发动机的输出功率并显示。其中，加速时间为发动机从怠速加速到额定转速的时间；额定功率为发动机在额定转速时的瞬时功率。

3）说明

不同型号的发动机对应不同的当量转动惯量，即使同一型号的发动机，由于机油温度、活塞与汽缸的摩擦阻力等的不同，其当量转动惯量也不同。加之在采集过程中，转速采集误差较大，且发动机速度的提升与操作有很大关系，所以该方法的误差就比较大，仅能用于车辆维修前后的动力性对比。

测试结果的重复性与操作者每次踩油门习惯和前后时机也有一定关系。

（2）转动惯量测试

转动惯量测试前的连接与无外载测功相同，其测试步骤如下。

① 在“汽油机检测”菜单下点击“无外载测功”图标，系统即进入无外载测功测试界面。选择“方式选择”图标，在弹出的窗口中选择转动惯量测试图标“J”，即进入转动惯量测试。

② 设定怠速转速 n_1、额定转速 n_2 和待测车辆额定功率后，点击“测试”，系统开始倒记数。

③ 记数为零时，请迅速踩下汽车油门踏板，使发动机尽可能快地将转速提高；当发动机转速超过设定的额定转速 n_2 时，立即松开油门，使发动机回到怠速工况，系统将自动检测发动机的转动惯量并显示。

（五）电控发动机参数检测

1．转速（相位）传感器检测

（1）测试前的连接

在检测前，用通用探针测试线连接转速传感器输出信号线，将一缸信号适配器（1280406）夹在一缸高压线上。

（2）操作说明

在“发动机电控参数”菜单下点击“转速（相位）传感器”图标，系统即进入转速传感器测试界面并显示所测得的转速传感器波形。

2．温度传感器检测

（1）测试前连接

将通用探针测试线连接到预测温度传感器输出信号线上。

（2）操作说明

在“电控发动机参数”菜单下点击“温度传感器检测”图标，系统即进入温度传感器测试界面并显示所测得的温度传感器的电压数值。

3．进气管真空度传感器检测

（1）测试前的连接

将通用探针测试线连接到真空度传感器输出信号线上，将一缸信号适配器夹在一缸高压线上。

（2）操作说明

在“电控发动机参数”菜单下点击“进气管真空度”图标，系统即进入进气管真空度传感器测试界面并显示所测得的进气传感器波形。

4. 节气门位置传感器检测

(1) 测试前的连接

用通用探针测试线连接节气门位置传感器输出信号线，将一缸信号适配器夹在一缸高压线上。

(2) 操作说明

在“电控发动机参数”菜单下点击“节气门位置”图标，系统即进入节气门位置传感器测试界面，并显示所测得的节气门位置传感器波形。

5. 爆震信号传感器检测

(1) 测试前的连接

用通用探针测试线连接爆震信号传感器输出信号线，将一缸信号适配器夹在一缸高压线上。

(2) 操作说明

在“电控发动机参数”菜单下点击“爆震信号”图标，系统即进入爆震信号传感器测试界面，并显示所测得的爆震信号传感器波形。

6. 氧传感器检测

(1) 测试前的连接

用通用探针测试线连接氧传感器输出信号线，将一缸信号适配器夹在一缸高压线上。

(2) 操作说明

在“电控发动机参数”菜单下点击“氧传感器”图标，系统即进入氧传感器测试界面，并显示所测得的氧传感器波形。

7. 空气流量传感器检测

(1) 测试前的连接

用通用探针测试线连接空气流量传感器输出信号线，将一缸信号适配器夹在一缸高压线上。

(2) 操作说明

在“电控发动机参数”菜单下点击“空气流量”图标，系统即进入空气流量传感器测试界面，并显示所测得的空气流量传感器波形。

8. 喷油脉冲检测

(1) 测试前的连接

用通用探针测试线连接喷油脉冲传感器输出信号线，将一缸信号适配器夹在一缸高压线上。

(2) 操作说明

在“电控发动机参数”菜单下点击“喷油脉冲信号”图标，系统即进入喷油脉冲传感器波形测试界面，并显示所测得的喷油脉冲传感器波形。

9．车速传感器检测

（1）测试前的连接

用通用探针测试线连接车速传感器输出信号线，将一缸信号适配器夹在一缸高压线上。

（2）操作说明

在“电控发动机参数”菜单下点击“车速”图标，系统即进入车速传感器测试界面，并显示所测得的车速传感器波形。

（六）测试记录

1．测试波形回放

在“测试记录”菜单下点击“测试波形回放”图标，进入波形回放界面。

点击“装载文件”图标，系统弹出测试过程中保存的波形文件，供用户选择。选定某一文件后，系统将在该界面下重新显示该波形。

2．测试数据查询

在“测试记录”菜单下点击“检测结果查询”图标，系统即显示以前所测所有车的测试结果记录，可作为修车档案以备用户查询，如图 1-1-14 所示。

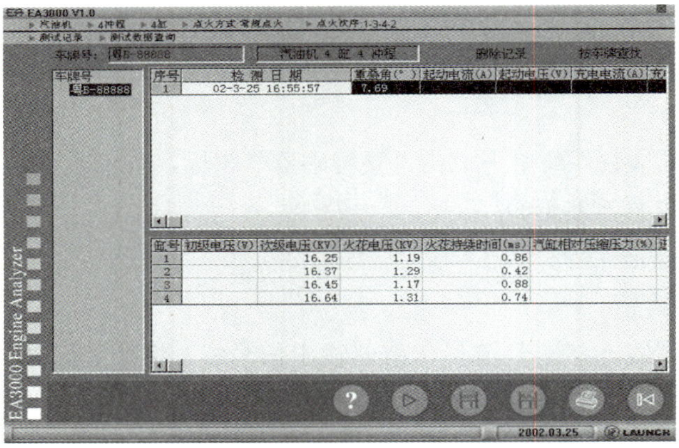

图 1-1-14　测试数据查询界面

点击“返回”图标可返回上级菜单。

在图 1-1-14 所示界面左侧的检测车辆栏内点击要打印检测数据的车牌号码，选择检测日期，点击“打印”图标，即可打印所选车辆信息的数据报表。

点击“上传结果”图标，则将该数据向检测线主机传送。

点击工具栏“打印”图标将进入打印机设置界面，设置好后即可以进行报表打印。

四、实施检测作业

使用发动机综合分析仪对发动机进行综合性能检测，完成任务一的检测工作，如表

1-1-5 所示。

表 1-1-5　发动机综合分析仪对发动机进行综合性能检测作业

<table>
<tr><td colspan="5">王先生的一辆 2006 款一汽丰田卡罗拉汽车使用过程中出现动力下降，油耗增加的现象，进入维修厂进行维护</td></tr>
<tr><td colspan="2" rowspan="2">1．车辆故障现象的描述及检验确认</td><td>故障处理</td><td colspan="2">进行发动机（汽油机）综合性能检测</td></tr>
<tr><td>检验确认</td><td colspan="2">使用元征 EA3000 发动机综合性能分析仪进行检验确认</td></tr>
<tr><td rowspan="3">2．发动机综合性能检测</td><td>检测项目</td><td colspan="2">作业要领</td><td>测试记录</td></tr>
<tr><td>汽油机性能检测</td><td colspan="2"></td><td></td></tr>
<tr><td>电控发动机参数检测</td><td colspan="2"></td><td></td></tr>
</table>

五、检验与评估

任务一完成情况的检验评估表如表 1-1-6 所示。

表 1-1-6　任务一的检验与评估

<table>
<tr><td colspan="2">评价指标</td><td>检验说明</td><td colspan="4">检验记录</td></tr>
<tr><td colspan="2">维护检查项目</td><td></td><td colspan="4"></td></tr>
<tr><td colspan="2">车辆运行情况</td><td colspan="5"></td></tr>
<tr><td>评价内容</td><td colspan="2">检验指标</td><td>权重</td><td>自评</td><td>互评</td><td>总评</td></tr>
<tr><td rowspan="3">检查任务完成情况</td><td colspan="2">1．完成任务过程情况</td><td rowspan="3"></td><td rowspan="3"></td><td rowspan="3"></td><td rowspan="9"></td></tr>
<tr><td colspan="2">2．任务完成质量</td></tr>
<tr><td colspan="2">3．在小组完成任务过程中所起作用</td></tr>
<tr><td rowspan="3">专业知识</td><td colspan="2">1．能描述发动机综合分析仪的作用</td><td rowspan="3"></td><td rowspan="3"></td><td rowspan="3"></td></tr>
<tr><td colspan="2">2．能描述发动机综合分析仪的注意事项</td></tr>
<tr><td colspan="2">3．能描述发动机综合分析仪的作业过程</td></tr>
<tr><td rowspan="3">职业素养</td><td colspan="2">1．学习态度：积极主动参与学习</td><td rowspan="3"></td><td rowspan="3"></td><td rowspan="3"></td></tr>
<tr><td colspan="2">2．团队合作：与小组成员一起分工合作，不影响学习进度</td></tr>
<tr><td colspan="2">3．现场管理：服从工位安排，执行实训室“5S”管理规定</td></tr>
<tr><td>综合评议与建议</td><td colspan="6"></td></tr>
</table>

六、项目拓展

柴油机性能测试

（一）柴油机喷油压力检测

在测试前，请按图 1-1-15 所示的方法把柴油机喷油压力测试线及接地线（1280402）夹在柴油机的某一缸高压油管上，起动发动机。

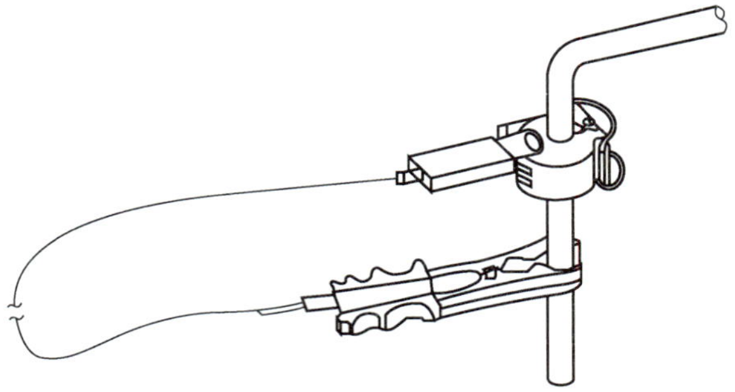

图 1-1-15　柴油机喷油压力测试线安装图

在“柴油机检测”菜单中点击“喷油压力”图标，进入柴油机喷油压力测试界面。

（二）柴油机喷油提前角

1．测试前的连接

在检测前，把柴油机喷油压力测试线及接地线夹夹在一缸高压油管上。

2．测试

起动发动机，选定柴油机喷油提前角功能，取下频闪灯，按下频闪灯电源按钮，将频闪灯对准飞轮或皮带轮上一缸上止点标志，通过调整频闪灯上的电位器，改变频闪相位，使闪光相位前后移动，当看到标志不动时，系统显示的角度值即为喷油提前角。

（三）起动电压、电流测试

1．测试前的连接

在检测之前，需将大电流钳测试线（1280404）夹在与电瓶相连的电动机电流线上（大电流钳测试线上箭头的指向应与电流的流向相同），如图 1-1-16 所示。

2．测试

在“柴油机检测”菜单中点击“起动电流、起动电压”图标，系统即进入起动测试界面。

点击“测试”图标起动发动机，系统即可自动检测起动电压、起动电流波形并显示发动机当前转速、电瓶电压值、起动电压值、起动电流值。

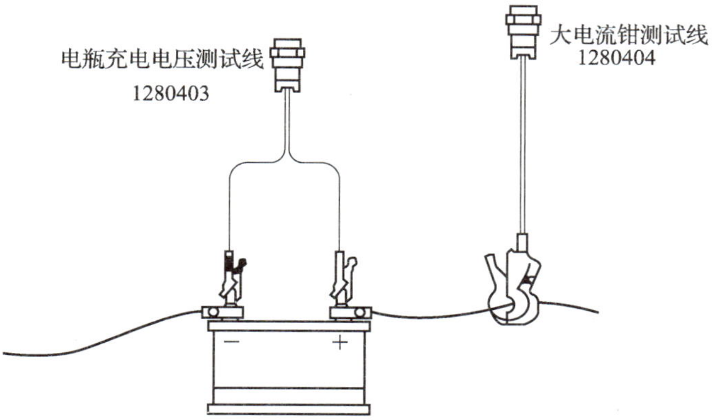

图 1-1-16 大电流钳测试线连接示意图

（四）充电电压、电流测试

1. 测试前的连接

将电瓶充电电压测试线的电瓶电压红、黑夹分别夹在电瓶的正、负极，充电电压探针插在汽车发电机正极，将小电流钳测试线夹在与电瓶相连的充电电流线上（小电流钳测试线箭头的指向应与电流的流向相同），如图 1-1-17 所示。

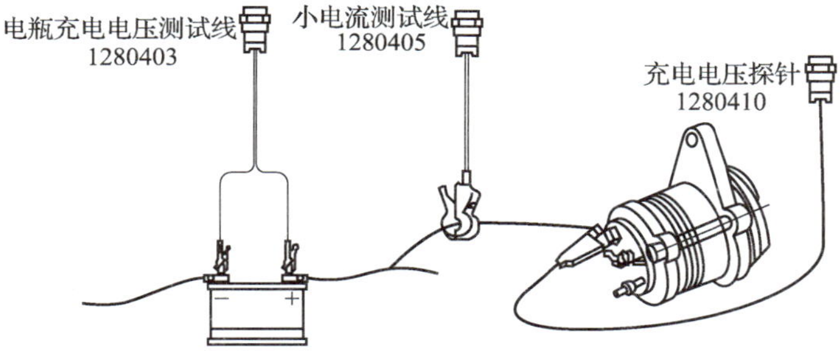

图 1-1-17 充电测试连接示意图

2. 测试

在“柴油机检测”菜单中点击“充电电流、充电电压”图标，系统即进入充电测试界面。

点击“测试”图标，系统即可自动检测充电电压波形、充电电压值并显示发动机当前转速、电瓶电压值、充电电流值。

（五）自由加速烟度

1. 测试前的连接

将烟度计通信电缆接到主机 RS232 通信接口，起动发动机使其达到正常工作温度后，将温度测试线插入排气管中。

2．测试

点击“测试”图标，系统即可测得自由加速烟度。

点击“帮助”图标可进入帮助系统查看相关数据。

（六）转速稳定性

1．测试前的连接

将柴油机喷油压力测试线夹在一缸高压油管上，起动发动机。

2．测试

在“柴油机检测”菜单中点击“转速稳定性分析”图标，系统即进入转速测试状态，并显示发动机的实时转速及在32个循环内的最高、最低转速。用户也可自行输入平均循环数。

（七）无外载测功

1．测试前的连接

将柴油机喷油压力测试线夹在一缸高压油管上。

2．测试

① 在“柴油机测试”菜单下点击“无外载测功”图标，系统即进入无外载测功测试界面。设定怠速转速 n_1、额定转速 n_2 和当量转动惯量。

② 点击“方式选择”图标选择测功 P 还是测当量转动惯量 J。

③ 点击“测试”，系统开始倒记数。

④ 当记数为零时，请迅速踩下汽车油门踏板，使发动机尽可能快地将转速提高；当发动机转速超过设定的额定转速 n_2 时，松开油门，使发动机自然回到怠速工况，系统将自动检测发动机的加速时间及输出功率或转动惯量并显示如下参数。

- 加速时间：发动机从怠速加速到额定转速的时间。
- 额定功率：发动机在额定转速时的瞬时功率。
- 当量转动惯量：所测得的当量转动惯量。

测功图中右侧曲线从上至下表示如下。

① 测试过程功率变化曲线。P_{emax} 表示发动机在测试过程中的最大功率；P_{mmax} 表示发动机在最大扭矩时的功率。

② 测试过程转速变化曲线。

③ 测试过程扭矩变化曲线。M_{emax} 表示发动机在测试过程中的最大扭矩；M_{pmax} 表示发动机在最大功率时的扭矩。

任务二　发动机故障检测

任务导入	李小姐的一辆 2007 款大众宝来 2 箱轿车在使用过程中出现故障灯点亮，加速无力并伴有熄火的现象，送入维修厂进行维护
任务目标	掌握汽车解码器的使用方法 能够独立完成发动机故障诊断检测
任务实施	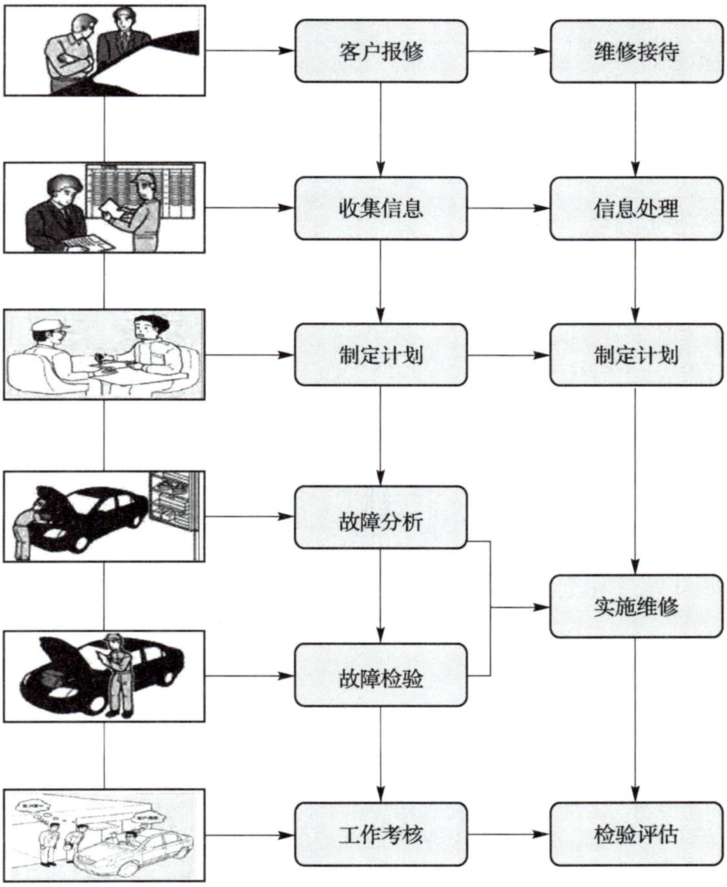

一、维修接待

按照表 1-2-1 进行任务二的维修接待，并准确填写接车问诊表。

表 1-2-1　维修接待与接车问诊表

1．通过询问客户了解车辆故障现象，填写接车问诊表

2．车间检测初步确认结果：利用汽车解码器对车辆故障进行诊断分析

接 车 问 诊 表

车牌号：________　车架号：________　行驶里程：______（km）

用户名：________　电　话：________　来店时间：___/___

用户陈述：一辆 2007 款大众宝来 2 箱轿车在使用过程中出现故障灯点亮，加速无力并伴有熄火的现象	
接车员检测确认建议：利用汽车解码器对车辆故障进行诊断分析	
车间检测确认结果及主要故障零部件：利用元征汽车电眼睛解码器 X-431 对车辆故障进行诊断分析 车间检查确认者：	
外观确认：	功能确认：（工作正常 √　正常×） □音响系统　□门锁（防盗器）□全车灯光 □工具　□后视镜　□天窗　□座椅 □点烟器　□玻璃升降器　□玻璃
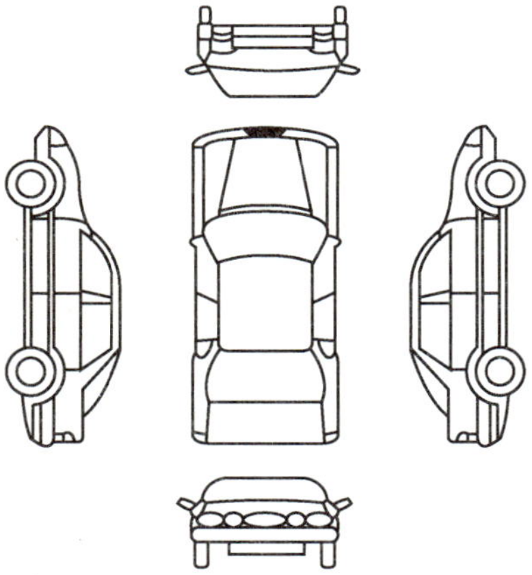 （请在有缺陷部位作标识）	物品确认：（有 √　无×） 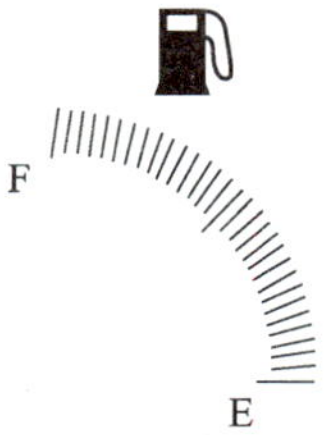 □贵重物品提示 □工具　□备胎 □灭火器 □其他（　　　　） 旧件是否交还用户 □是　□否 用户是否需要洗车 □是　□否

• 检测费说明：本次检测的故障如用户在本店维修，检测费包含在修理费用内；如用户不在本店维修，请您支付检测费。本次检测费：¥________元

• 贵重物品：在将车辆交给我店检查修理前，已提示将车内贵重物品自行收起并保存好，如有遗失恕不负责

接车员：________________　用户确认：________________

二、信息收集与处理

（一）仪器的主要技术性能

本任务选用的检测仪为元征汽车电眼睛解码器 X-431。

1. 额定使用条件

① 温度：0～50℃；

② 相对湿度：＜90%；

③ 主机电源：DC12 V；

④ 主机功率：约 9 W。

2. 测量范围

① 查控制电脑型号；

② 读取故障代码；

③ 读测量数据流；

④ 清除故障代码；

⑤ 读取独立通道数据；

⑥ 测量执行元件；

⑦ 控制单元编码。

3. 结构组成

如图 1-2-1 所示，X-431 检测仪的主体部分主要由主机、诊断盒、迷你打印机三大组件组成。

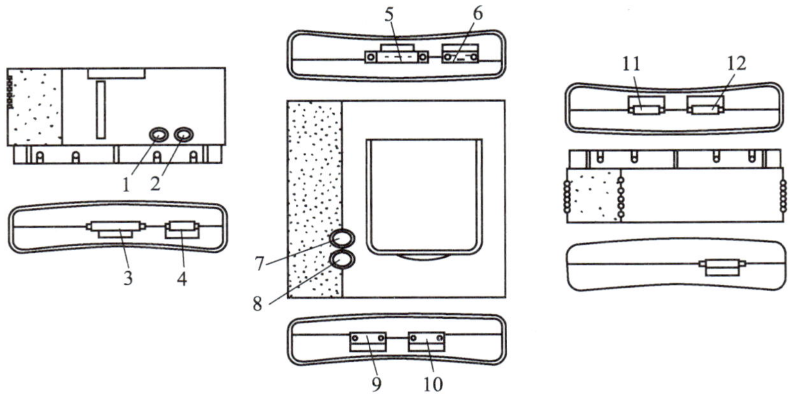

1—打印机“SEL”键；2—打印机“FL”键；3，5—打印机通信口；4—打印机电源输入；6—主机电源输出；7—主机热键；8—主机电源开关；9—主机电源输入；10—主机串行通信口；11—电源输出；12—诊断盒串行通信口

图 1-2-1　X-431 检测仪主体组成图

- **主机**：由主机线路板和外表的显示屏幕、键盘等部分构成，其底面设有插放测试软件卡的槽口。
- **诊断盒（SMARTBOX）**：是进行汽车诊断的必要组成部分，担负着汽车诊断的主要功能。设计者对 SMARTBOX 进行了详细的功能设计，为后续的升级服务（网上下载升级）奠定了基础。
- **迷你打印机（MINIPRINTER）**：与主机相连的是标准并口，用于打印测试结果。

三大组件都具有独立的功能和作用，可根据需要和配置情况进行工作。但是，这三大组件通常都是通过插接组合为一个整体，外面加上真皮保护外套以防止松动和磨损。

X-431 还配有一些进行汽车诊断和网上升级所需的附件，如主测试线、电源线、开关电源、CF 卡、CF 卡读写器及各种测试接头等。其中，测试线由测试主线（连接主机和测试接头）和测试辅线（连接主机和电源及其他部件）组成，测试接头通过测试主线连接主机和车上的诊断插座。

（二）收集汽车故障诊断信息

将汽车故障诊断信息填入表 1-2-2 中。

表 1-2-2　汽车故障诊断信息

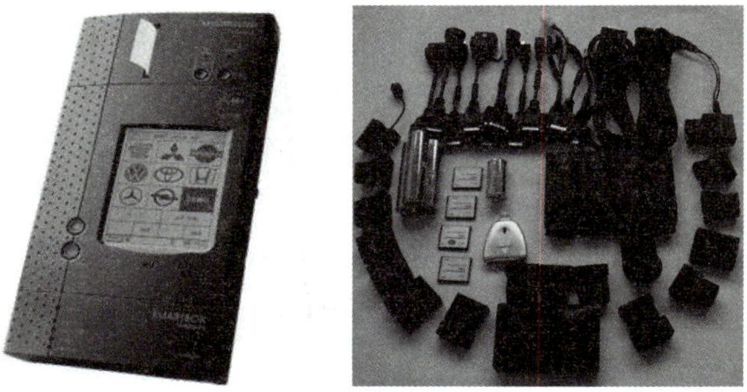

X-431 检测仪主体及其附件

汽车故障	主要内容
汽车故障的特征	
汽车故障的成因	
汽车故障诊断原理	
汽车故障诊断原则	

1．汽车故障诊断方法：____________________

2．仪器设备诊断法的定义：____________________

3．仪器设备诊断按使用测量仪具和设备先进程度不同，分为____________________

4．汽车制冷系统有哪些部件组成：____________________

三、制定检测计划

（一）测试前的准备

① 选择测试接头。X-431 带有各种测试接头。测试时，根据汽车诊断座的类型，选择相应的测试接头。按照说明书的要求和不同车型的诊断插座类型选择测试接头后，将其插入故障诊断插座。

② 确定诊断座位置，不同车型的诊断座位置略有不同。

③ 汽车蓄电池电压应在 11～14 V，X-431 的额定电压为 12 V。

④ 节气门应处于关闭状态，即怠速触点应闭合。

⑤ 点火正时和怠速应在标准范围内，水温和变速器油温达到正常工作温度（水温 90～110℃，变速器油温 50～80℃）。

⑥ 连接仪器。将 CF 卡插入 X-431 的 CF 卡插槽内，使印有“UP SIDE”字样的一面朝上，且确保插入到位。将 X-431 主测试线的一端插入 SMARTBOX 数据接口内，将 X-431 主测试线的另一端与选择的测试头相连接，将测试接头的另一端与汽车诊断座相连接，如图 1-2-2 所示。

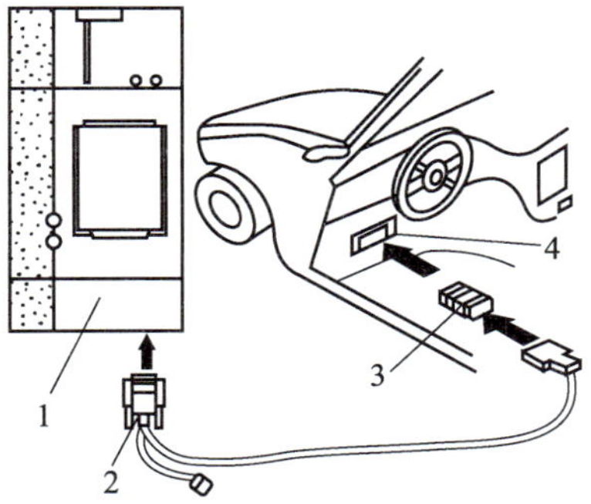

1—SMARTBOX；2—主测试线；3—测试接头；4—诊断座

图 1-2-2　X-431 检测仪线路连接图

⑦ 打开汽车电源开关。如果所测汽车的诊断座电源不足或其电源引脚损坏，可通过以下任一方式获取电源。

a. 点烟器线。取出点烟器，将点烟器线的一端插入汽车点烟器孔，另一端与 X-431 主测试线的电源插头连接。关闭点火开关时应先关闭 X-431，以防止非法关机。

b. 双钳电源线。将双钳电源线的电源钳夹在蓄电池的正、负极，另外一端插入 X-431 主测试线的电源插头。

c. 电源转接线。将电源转接线的一端插入 100～240 V 交流电源插座，另外一端插入开关电源的插孔内，并将开关电源的电源插头与 X-431 主测试线的电源插头连接。

（二）检测步骤的制定

① 如图 1-2-3 所示，被检车辆以每小时 5～10 km 的速度按“进车方向”向测试平板驶去，当前轮挡住光电时，汉字点阵屏提示刹车，引车员操纵刹车机构进行刹车并踩下离合器踏板，此时微电脑记录了侧滑、前轮左右制动力、前轮左右轴重、后轮左右制动力及后轮左右轴重等数据。

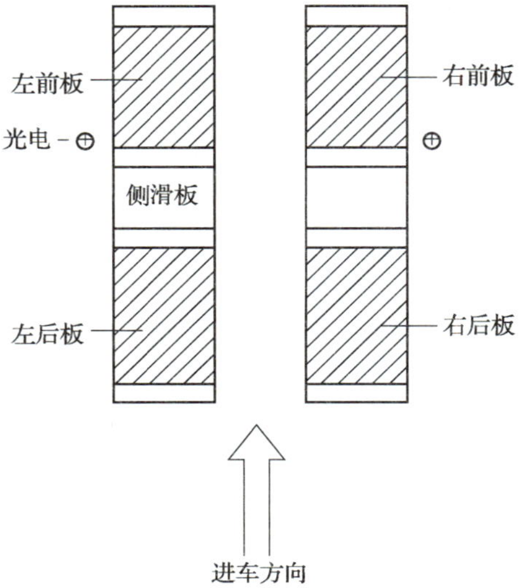

图 1-2-3　检测流程图

② 将仪器准确地与被测车的诊断插口连接完毕后，按“POWER”键启动 X-431 检测仪，检测仪启动后屏幕直接进入启动界面。

③ 点击启动界面左下角“开始”按钮，选择诊断程序的“汽车解码程序”，屏幕进入如图 1-2-4 所示的等待界面。

图 1-2-4　X-431 检测仪等待界面

④ 点击“开始”按钮，屏幕显示如图 1-2-5 所示的选择车系菜单。X-431 汽车诊断程序都是以车型的车标图形为按钮，只要点击汽车图标，即可进入该车系选择系统（诊断软件版本）菜单的开始界面，如图 1-2-6 所示。

图 1-2-5　X-431 检测仪选择车系菜单

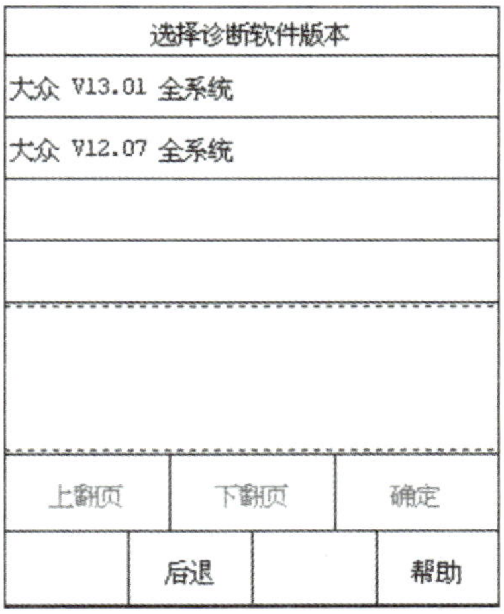

图 1-2-6　X-431 检测仪开始界面

⑤ 点击被检测车所属的系统后再点击“确定”按钮，X-431 将对 SMARTBOX 进行复位和检测，并从 CF 卡下载诊断程序。下载完毕后，屏幕将会显示汽车解码程序界面，如图 1-2-7 所示。点击“确定”按钮，仪器将继续进行测试，进入选择诊断座菜单。

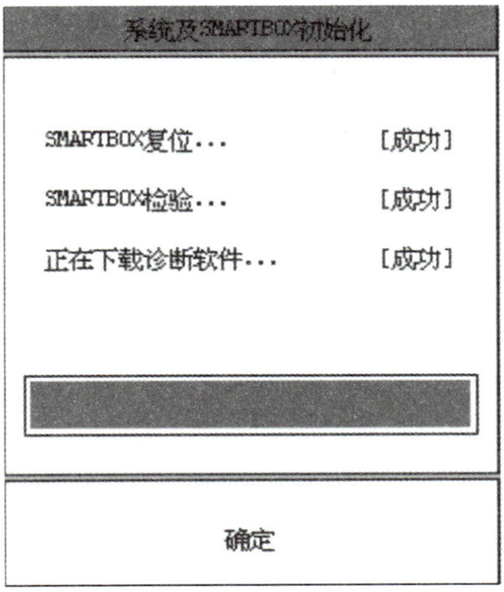

图 1-2-7　X-431 软件下载完成界面

⑥ 选好诊断座（OBD）后，点击“确定”按钮，屏幕显示如图 1-2-8 所示的选择菜单界面。

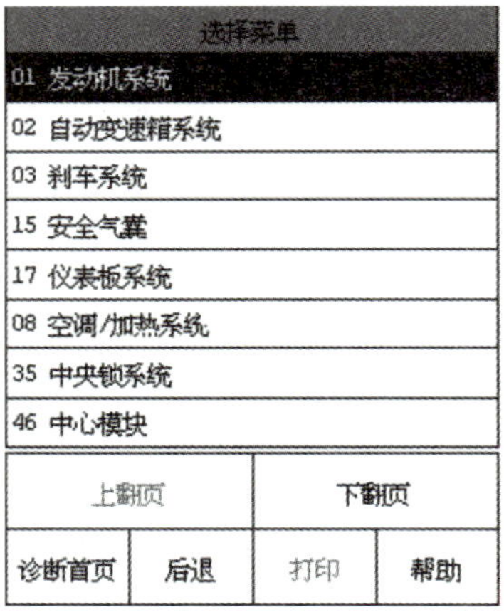

图 1-2-8 检测仪系统选择菜单

⑦ 以检测发动机系统为例，点击“01 发动机系统”选项，如果通信成功，屏幕将显示所测系统控制计算机相关信息，如计算机型号、系统类型、发动机类型、适用配置的设定号等。

⑧ 点击“确定”按钮，屏幕显示诊断系统功能的诊断菜单，如图 1-2-9 所示。

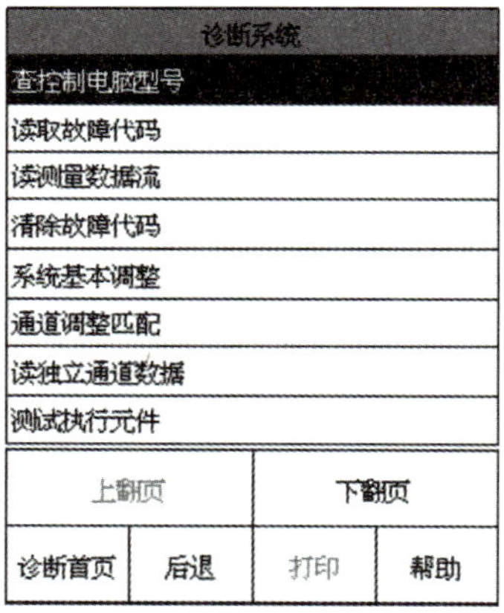

图 1-2-9 X-431 检测仪诊断菜单

- 读取故障代码：在功能菜单中，点击“读取故障代码”选项，X-431 开始读取计算机确认的故障代码及故障内容等。测试完毕后，屏幕显示测试结果。
- 读测量数据流：在功能菜单中，点击“读测量数据流”选项读取计算机的运行数据参数，X-431 要求用户输入数据流通道号，点击相应的数字即可输入通道号。在数据流显示界面中，点击选择数据流选项后，X-431 允许数据以数字或图形切换显示，点击“图形”和“数字”选项可以切换。在图形显示界面中点击“图形 1”选项，屏幕显示所选数据流项的单项波形。在单个数据流项的波形界面中，点击“图形 2”选项，屏幕显示两个数据流项的波形。这样便于用户对相关联的数据流项进行实时对比。

- 清除故障代码：在功能菜单中，点击“清除故障代码”选项，清除掉被设定的故障代码。
- 系统基本调整：在功能菜单中，点击“系统基本调整”选项，根据车辆使用的国家、地区和发动机、变速器以及其他配置输入适当的设定号（coding number），点击相应的数字即可输入通道号。对某些系统，在维修或保养后，必须对系统进行基本调整。
- 通道调整匹配：在功能菜单中，点击“通道调整匹配”选项，根据厂方的要求和实际需要修改和输入某些设定值，X-431 要求用户输入通道号。点击相应的数字即可输入通道号。输入正确的通道号后，点击“确定”按钮，X-431 要求用户输入匹配值。输入正确的匹配值后，点击“确定”按钮执行通道调整匹配功能。
- 读独立通道数据：在功能菜单中，点击“读独立通道数据”选项读取计算机的运行数据参数，X-431 要求用户输入通道号，点击相应的数字即可输入通道号。
- 测试执行元件：在功能菜单中，点击“测试执行元件”选项驱动执行器件进行检测。

⑨ 其他的操作设置如下。

a．保养/机油灯归零。在诊断界面点击“保养/机油灯归零”选项，进行保养或机油灯的归零。对于 Golf，Jetta 汽车，在进行某一项保养操作时，相应的保养提示灯就会点亮。由于此系统采用了永久性存储器，因此即使断开蓄电池电缆，有关信息也不会被清除。

保养提示灯在里程表的显示窗内。在点火开关置于“ON”位置后，提示灯将会点亮 3 s 左右。OIL 表示车辆行驶 12 068 km 或 6 个月更换发动机机油；INl 表示车辆行驶 24 139 km 或 12 个月检查与维修；IN2 表示车辆行驶 48 278 km 或 24 个月检查与维修。

b．服务站代码设置。在某些车辆的维修过程中，有的功能必须进行服务站代码设定之后才能进行，若没有进行服务站代码设定，这些功能将无法实现，如某些系统的“匹配”功能和“控制单元编码”功能。点击“服务站代码设置”来设置服务站代码。

⑩ 扩展功能。X-431 还设置了扩展功能，可以根据个人习惯对仪器的常见功能进行设置，其扩展功能有系统信息、个人信息、工具、游戏、控制面板。

注　意

选择校准触摸屏后，请不要在未出现十字光标提示时点击触摸屏。校准过程中，如果没能准确点中十字符号，屏幕上将会反复出现十字符号，直到校准全部完成为止。

四、实施检测作业

使用汽车故障诊断仪器对汽车进行故障检测，完成任务二的检测作业，如表 1-2-3 所示。

表 1-2-3　汽车故障检测作业

李小姐的一辆2007款大众宝来2箱轿车在使用过程中出现故障灯点亮，加速无力并伴有熄火的现象，进入维修厂进行维护			
1．车辆故障现象的描述及检验确认	故障描述	使用过程中出现故障灯点亮，加速无力并伴有熄火的现象	
	检验确认	用元征汽车电眼睛解码器（X-431）进行检验确认	
2．元征汽车点眼睛解码器的检测	检测项目	作业要领	检查记录
	读取故障代码		
	读测量数据流		
	清除故障代码		
检查与维护结论			

五、检验与评估

任务二完成情况的检验评估表如表 1-2-4 所示。

表 1-2-4　任务二的检验与评估

评价指标	检验说明		检验记录		
维护检查项目					
车辆运行情况					
评价内容	检验指标	权重	自评	互评	总评
检查任务完成情况	1．完成任务过程情况				
	2．任务完成质量				
	3．在小组完成任务过程中所起作用				
专业知识	1．能描述元征汽车电眼睛解码器的作用				
	2．能描述元征汽车电眼睛解码器的作业过程				
	3．能正确读取和清除故障代码				
职业素养	1．学习态度：积极主动参与学习				
	2．团队合作：与小组成员一起分工合作，不影响学习进度				
	3．现场管理：服从工位安排，执行实训室“5S”管理规定				
综合评议与建议					

六、项目拓展

金奔腾汽车专用解码器的使用

金奔腾“彩圣”系列汽车电脑解码器是目前较先进的汽车解码设备。极具现代感的外形设计和触摸式的大屏幕 LCD，使得产品外形简洁；可拆卸的微型打印机能方便用户的操作，如图 1-2-10 所示。

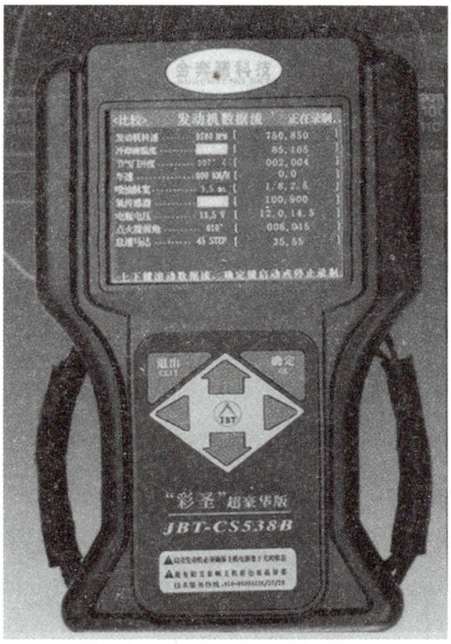

图 1-2-10　微型打印机背部连接示意图

（一）仪器的主要技术性能

1. 额定使用条件

温度：0～50℃；

相对湿度：≤90%；

主机电源：DC 12 V；

工作电流：≤500 mA；

主机功率：约 9 W。

2. 测量范围

查控制电脑型号；

读取故障代码；

数据流测量分析；

读取独立通道数据；

测试执行元件；

控制单元编码。

3. 结构组成

金奔腾“彩圣”汽车解码器由主机、微型打印机、各种测试电缆及接头这三大组件组成，其各组件具有独立的功能和作用，可根据需要和配置情况进行工作，如图 1-2-11 所示。但是，通常这三大组件都是通过插接组合为一个整体，外面加上真皮保护外套以防止松动和磨损。

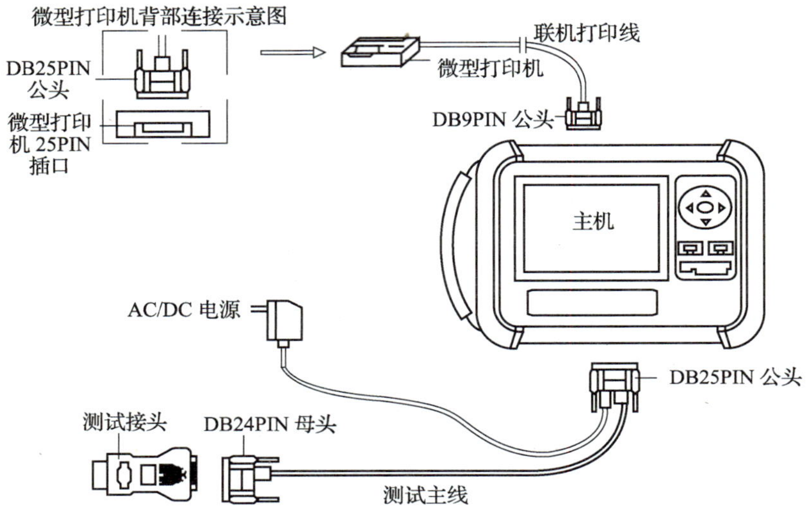

图 1-2-11　金奔腾汽车电脑解码器结构连接图

- 主机：由主机线路板和外表的显示屏幕、键盘等部分构成，其底面设有插放测试软件卡的槽口。
- 微型打印机：与主机相连的是标准并口，用于打印测试结果。
- 测试电缆及接头：测试线由测试主线（连接主机和测试接头）和测试辅线（连接主机和电源及其他部件）组成。测试接头通过测试主线连接主机和车上的诊断插座。

（二）测试前仪器的准备

① 选择测试接头。金奔腾“彩圣”系列汽车电脑解码器带有各种测试接头。测试时，根据汽车诊断座的类型，选择相应的测试接头。要按照说明书的要求和不同车型的诊断插座类型选择测试接头，将其插入故障诊断插座。

② 确定诊断座位置。不同车型的诊断座位置会有不同。

③ 汽车蓄电池电压应在 11～14 V，“彩圣”系列汽车解码器的额定电压为 12 V。

④ 发动机节气门应处于关闭状态，即怠速触点应闭合。

⑤ 点火正时和怠速应在标准范围，水温和变速器油温应达到正常工作温度（水温 90～110℃，变速器油温 50～80℃）。

⑥ 连接仪器。仪器通电前，应关闭汽车所有附属电器设备，如空调、音响、灯光等。

⑦ 接通汽车电源开关。

如过需要接通外接电源，应从驾驶室内点烟器取电或从电瓶直接取电（诊断座在驾驶室内）。

- 点烟器取电：将点烟器热电阻头从点烟器座中取下，把已接好的主机外接电源线插入点烟器座中。
- 电瓶取电：接仪器自带的双钳电源，红色鱼夹接正极接线柱，黑色鱼夹接负极接线柱。

（三）测试步骤

1. 连线

将仪器测试主线的一端与主机相连，另一端与汽车上的诊断座相连，仪器通电后屏幕显示如图 1-2-12 所示。

2. 调入测试程序

按“OK”键后仪器调入测试程序。当出现如图 1-2-13 所示的选择功能模板时，表示仪器连接成功，即可进入下一部操作。

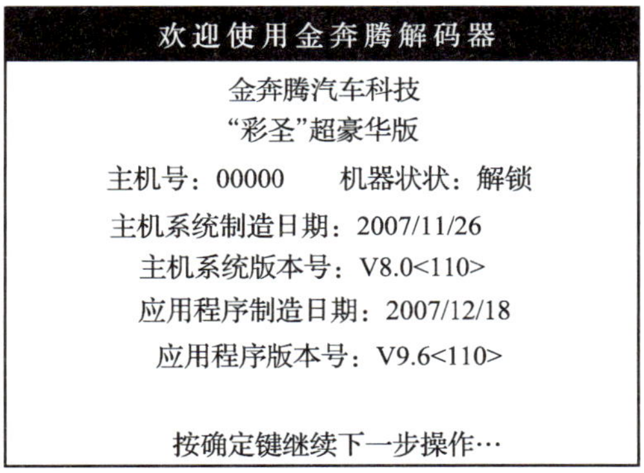

图 1-2-12 汽车解码器启动界面

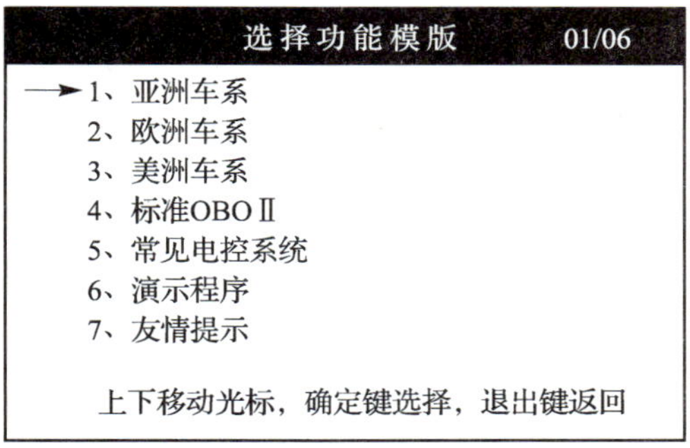

图 1-2-13 汽车解码器测试程序

3. 键盘操作说明

（1）“↑”“↓”键

① 菜单选择；

② 动态数据显示：上下滚动显示资料；

③ 数据输入界面：用于数字增减输入，如日期；

④ 匹配调整界面：用于增减匹配值；

⑤ 文本游览界面：用于上下滚动文本；

⑥ 表格接口显示：用于上下移动当前光标。

（2）“←”“→”键

① 数据输入界面：用于左右移动当前光标；

② 表格接口显示：用于左右移动当前光标；

③ 多屏翻页显示：用于切换到另一功能界面。

（3）“EXIT”键

① 取消或中断当前操作；

② 菜单选择界面：用于返回上一菜单选择界面；

③ 有“退出”的界面：按下可退出当前操作。

（4）“OK”键

① 进入或开始当前操作；

② 菜单选择时用于选中当前菜单选择项。

4. 菜单功能流程图

菜单功能流程图如图 1-2-14 所示。

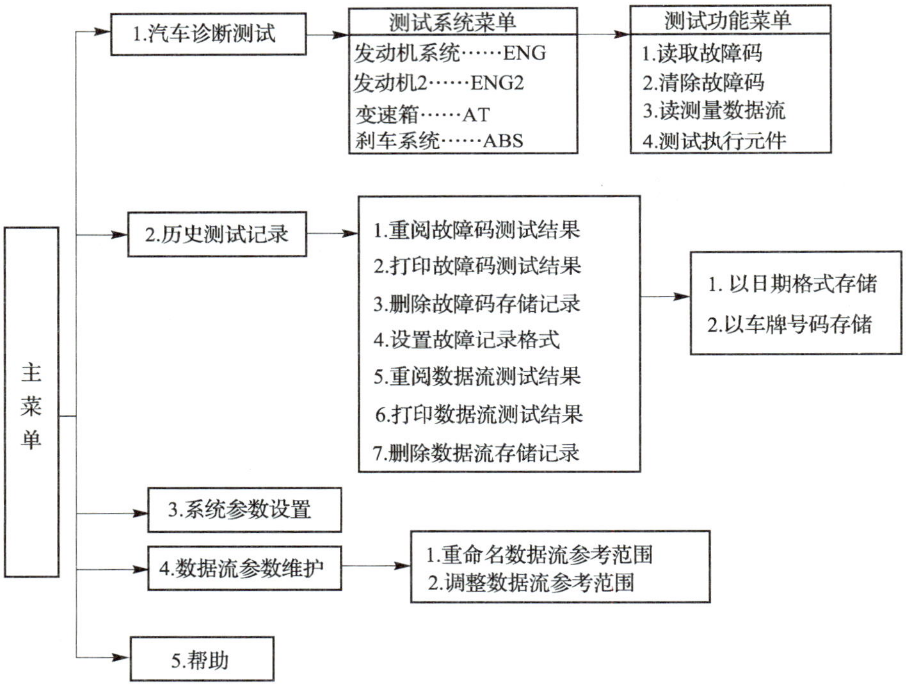

图 1-2-14 菜单功能流程图

5. 汽车诊断测试

汽车诊断测试的操作步骤如图 1-2-15 所示。

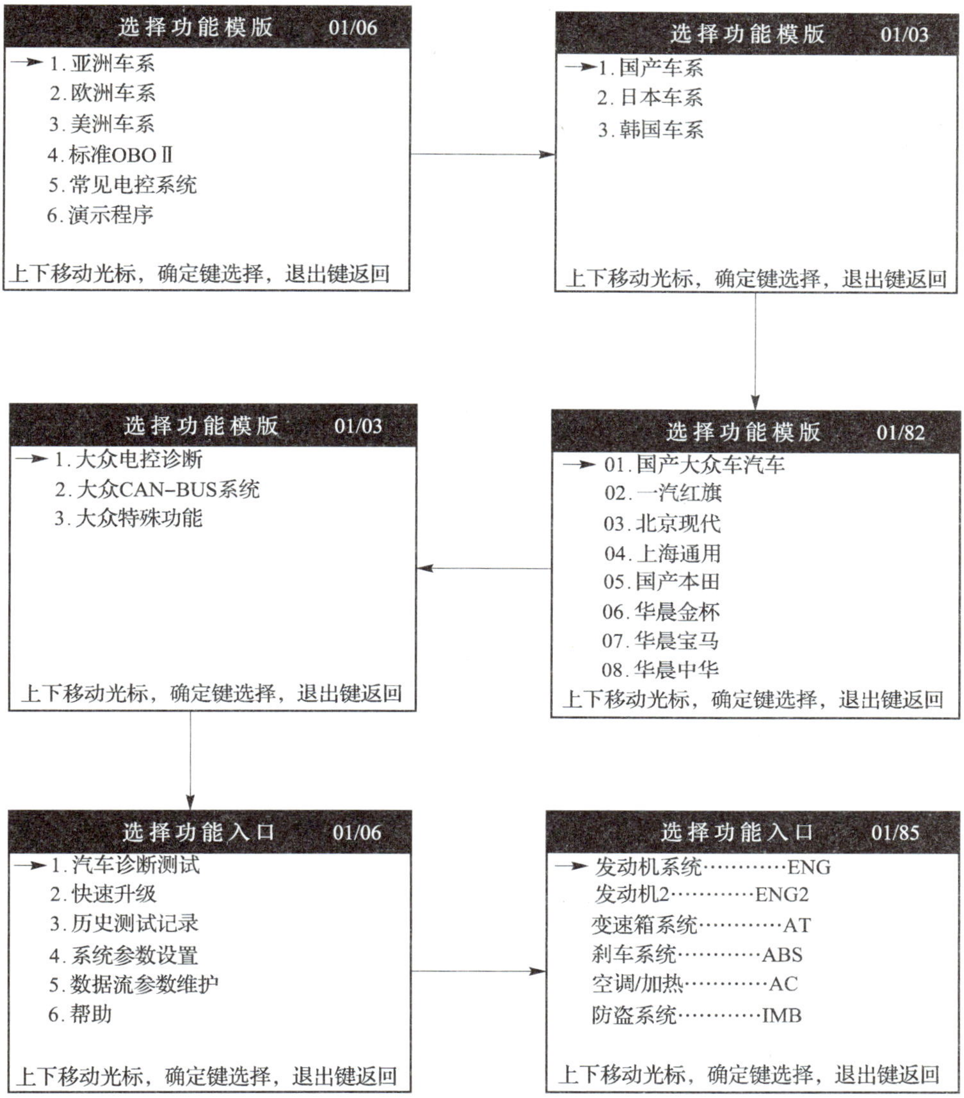

图 1-2-15　汽车诊断测试的操作步骤

6．历史测试记录

历史测试记录功能如图 1-2-16 所示，可通过外接打印机实现对故障码及数据流的存储及打印。

7．系统参数设置

金奔腾汽车专用解码器采用可调色的彩色屏幕，仪器支持操作界面的八种背景及显示项目的颜色设置，能够根据用户的喜好进行操作界面的多项设置，满足个性化需求，如图 1-2-17 所示。

选择历史功能　01/07

→1. 重阅故障码测试结果
2. 打印故障码测试结果
3. 删除故障码存储记录
4. 设置故障码记录格式
5. 重阅数据流测试结果
6. 打印数据流测试结果
7. 删除数据流存储记录
上下键移动光标，确定键选择，退出键返回

图 1-2-16　历史测试记录菜单

系统参数设置

前景色：　背景色：
标题色：　边框色：
数据流超低范围警告色：
数据流超高范围警告色：
每屏显示数据流项目：9
恢复出厂设置[　]
□退出　□确定
左右键移动光标，上下键修改参数值

图 1-2-17　系统参数设置菜单

系统参数设置的功能如下。

① 前景色设置；
② 背景色设置；
③ 标题色设置；
④ 边框色设置；
⑤ 数据流超低范围警告色设置；
⑥ 数据流超高范围警告色设置；
⑦ 每屏显示数据流的项目设置；
⑧ 恢复出厂设置的设置。

用户可以通过面板上的“↑”“↓”“←”“→”“退出”和“确定”键来设置本仪器前景色、背景色、标题色、边框色、数据流超低、高范围警告色及每屏数据流显示项目（可设置 1～9 项），也可以进行恢复出厂设置操作。

8. 数据流参数维护

维护操作步骤如图 1-2-18 所示。

菜单说明如下。

- 金奔腾数据流参考范围：金奔腾解码器自带的参考数据范围，在该功能下不能进行修改；
- 位置#*n* 参考数据流参考范围：XX 系统参考数据流范围，这些数据可通过实测记录保存的数据；
- 外扩存储数据流参考范围：保存在存储器中的数据流参考范围（选配）。

9. 帮助

用户可以通过查阅帮助来操作仪器。

10. 读取故障码

根据菜单功能流程图所示，按“↓”“↑”键移动“→”光标至选择“读取故障码”

功能。

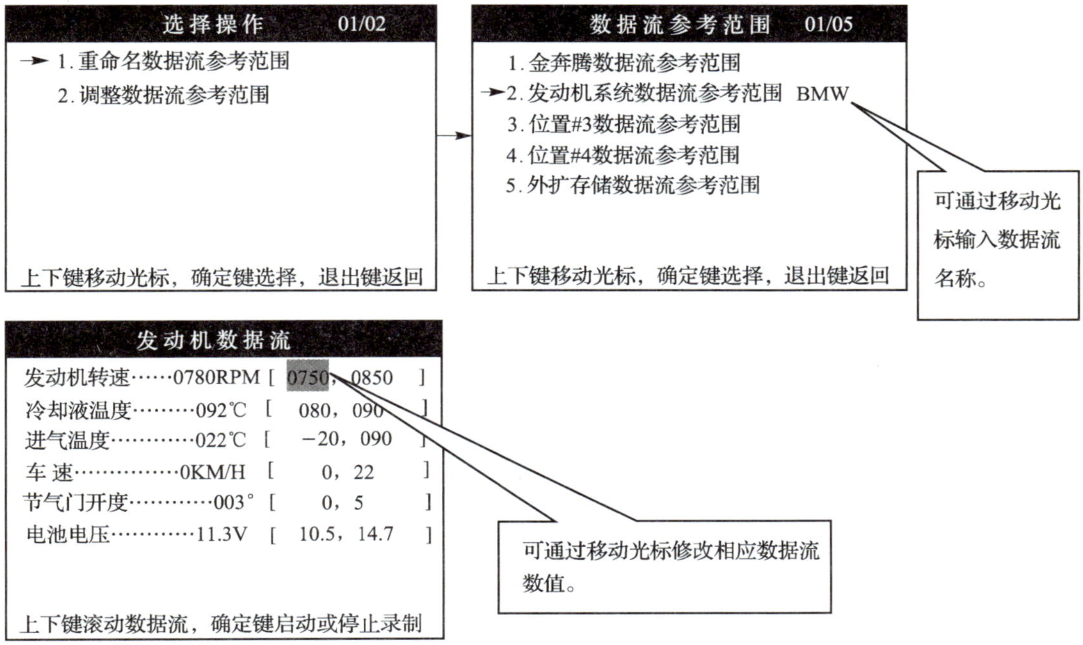

图 1-2-18　参数流参数维护操作步骤

按“→”“←”“↑”“↓”键移动光标，选择所查看的故障码，按“OK”键，将显示其故障码内容。

测试完成后，按“EXIT”键返回“测试功能”选择菜单，仪器将提示您是否存储故障码，有按测试日期存储和按车牌号存储两种存储形式。

按“→”“←”键移动光标，先定改变数字的位置，按“↑”或“↓”键改变数字，当日期或车型号输入正确后，按“OK”键，仪器将故障码测试结果存储在仪器中。

11. 清除故障码

按“↑”“↓”键选择“清除故障码”，按“OK”键。

判断故障码是否清除时，仪器将提示是否读取故障码，按“OK”键读取，否则按“EXIT”键返回测试功能菜单，若未能清除，则显示“故障码未能清除”。

12. 测试执行元件

按“↑”“↓”键选择“测试执行元件”功能，按“OK”键进入。

此时，观察所测执行元件是否工作，以判断该执行元件是否有故障。每次按“→”键可完成一个执行元件的测试（此功能取决于被测车型），若所有元件逐个测试完成后，表明执行元件已测试完毕，按“EXIT”键，返回功能选择菜单。

若该汽车电脑自诊断程序没有提供可测试的元件，则显示“没有可测试执行元件”，按“EXIT”键返回上级菜单。

13. 读取车辆数据流

在汽车诊断测试过程中，汽车数据流是汽车运行状况的具体参数体现，是维修诊断故障的依据，按“↑”“↓”键选择“动态数据分析”，按“OK”键，则显示所测系统的动态数据，如选择“金奔腾数据流参考范围”将全部显示该车支持的所有数据流，如图 1-2-19 所示。

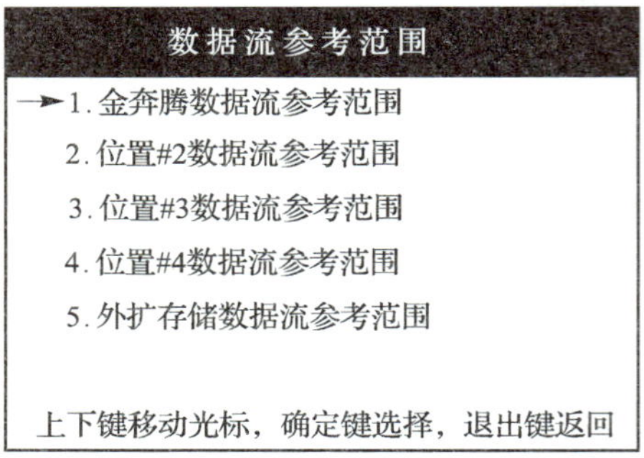

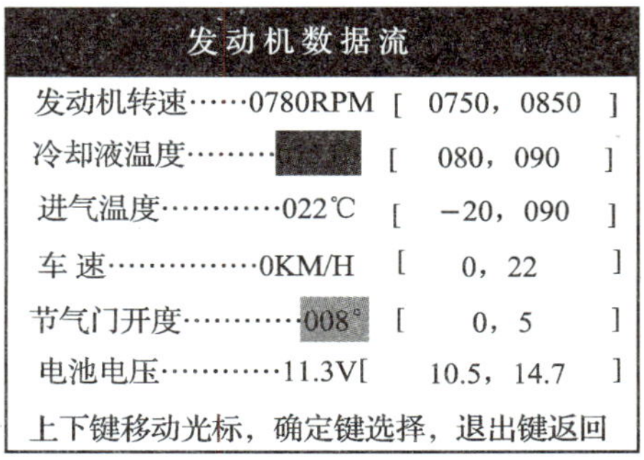

图 1-2-19 动态数据流

① 将金奔腾“彩圣”解码器与车辆连接，打开电源。

② 进入“系统参数设置”功能。

③ 左右移动光标改变位置，上下移动光标改变设置项目。

14. 数据流存储打印

金奔腾“彩圣”解码器可支持数据存储打印功能，而且在每个模块下设置了 3 条滚动存储空间，每个存储空间可以保存 200～500 条数据。

① 将解码器与汽车连接，进入车辆系统。

② 选择“动态数据分析”功能，读取数据流。

③ 按“OK”键，进行数据录制，退出时将自动保存数据流。

④ 退回“选择功能入口”菜单，选取“历史测试记录”，查看数据流保存位置及内容，并将存储的数据打印出来。

15. 超范围警告色显示

金奔腾“彩圣”解码器可以提供常见汽车的参考范围数据，在汽车运行过程中，当实测数据低于或高于所给出的标准参考范围时，自动以超低或超高警告色显示该数据，以便用户快速地锁定故障点，并进行故障判断。

① 起动车辆，怠速运转。

② 连接“彩圣”解码器进入车辆系统。

③ 选择“动态数据分析”及“金奔腾数据流参考范围”。

④ 观察动态数据，选择特殊颜色的数据进行故障分析，锁定故障点。

16. 自学习判断

自学习判断功能是指金奔腾“彩圣”解码器能够自动记录并保存正常汽车某一工况下的正常数据，并对这些数据的最大及最小范围进行自动学习和判断。该功能常用于判断其他车辆的相应数据是否异常，帮助用户对各种车型的繁多运行参数进行准确判断，能够迅速有效地提高用户的诊断维修水平。

例如，在汽车无故障的情况下，我们可以将该车辆在怠速工况下的发动机、变速箱、ABS、安全气囊等系统数据收集并录入到“彩圣”解码器中。当维修与该车辆同型号的汽车时，如果测量数据不在“彩圣”录入的参数范围内，“彩圣”解码器会以特殊颜色报警，以便用户查找故障。

项目二　汽车底盘性能的检测

任务一　汽车四轮定位检测

任务导入	一车主驾驶一辆丰田花冠轿车，行驶 38 000 km，打算在冬季从北京开车到五台山进行旅游，想在出发前为爱车做个四轮定位的检查
任务目标	了解汽车四轮定位的概念及四轮定位仪的结构 掌握汽车四轮定位仪的使用方法 能够根据测得参数将车辆调整至最佳状态
任务实施	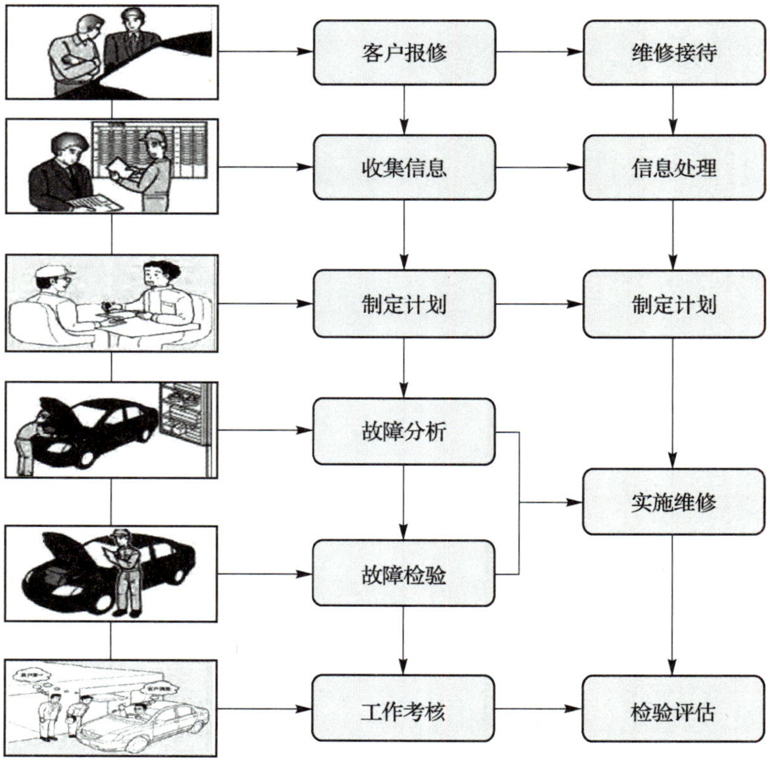

一、维修接待

按照表 2-1-1 进行任务一的维修接待，并准确填写接车问诊表。

表 2-1-1 维修接待与接车问诊表

1．通过询问客户了解车辆使用情况，填写接车问诊表

2．车间检测初步确认结果：进行四轮定位检验

接 车 问 诊 表

车牌号：______ 车架号：______ 行驶里程：______（km）

用户名：______ 电 话：______ 来店时间：___/___

用户陈述：在旅游前为爱车做个四轮定位的检查	
接车员检测确认建议：利用四轮定位仪进行检测确认	
车间检测确认结果及主要故障零部件：利用元征 KWA-531 四轮定位仪进行检测确认 车间检查确认者：	
外观确认： 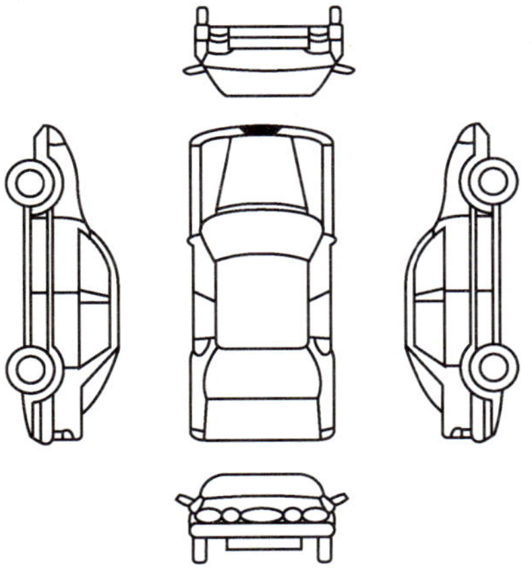 （请在有缺陷部位作标识）	功能确认：（工作正常 √ 不正常×） □音响系统 □门锁（防盗器） □全车灯光 □工具 □后视镜 □天窗 □座椅 □点烟器 □玻璃升降器 □玻璃 物品确认：（有 √ 无×） 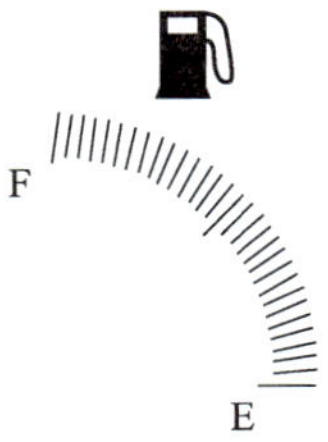 贵重物品提示 □工具 □备胎 □灭火器 □其他（ ） 旧件是否交还用户 □是 □否 用户是否需要洗车 □是 □否

• 检测费说明：本次检测的故障如用户在本店维修，检测费包含在修理费用内；如用户不在本店维修，请您支付检测费。本次检测费：¥______元

• 贵重物品：在将车辆交给我店检查修理前，已提示将车内贵重物品自行收起并保存好，如有遗失恕不负责

接车员：______ 用户确认：______

二、信息收集与处理

（一）四轮定位

四轮定位概念及功能如表 2-1-2 所示。

表 2-1-2　四轮定位概念及功能

定位角度	概念	功能
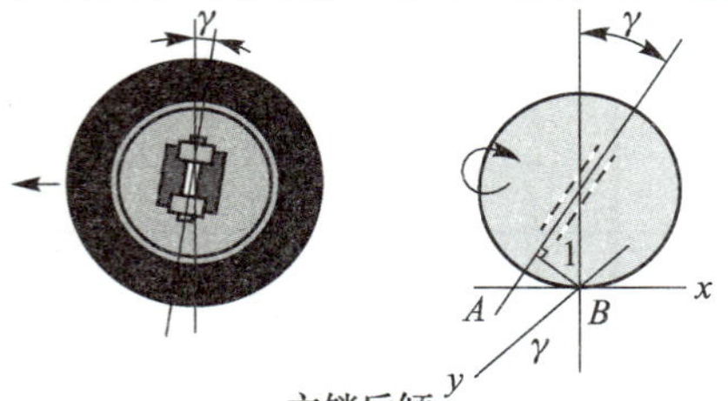 主销后倾	由车侧看转向轴中心线与垂直线所成的夹角，向后为正，向前为负	使转向盘稳定及回转转向盘
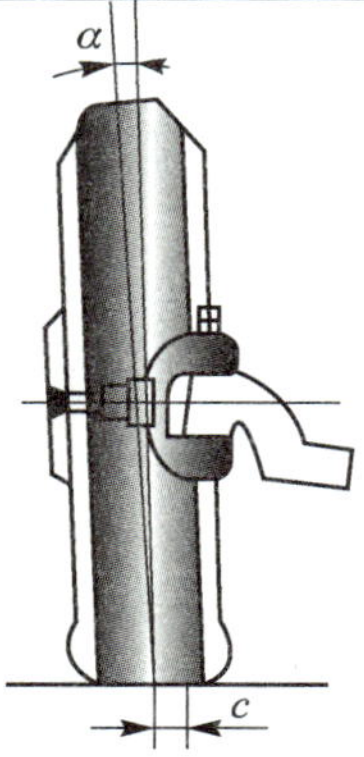 车轮外倾	由车前方看轮胎中心线与垂直线所成的角度，向外为正，向内为负	掌控轮胎车身重量压力点
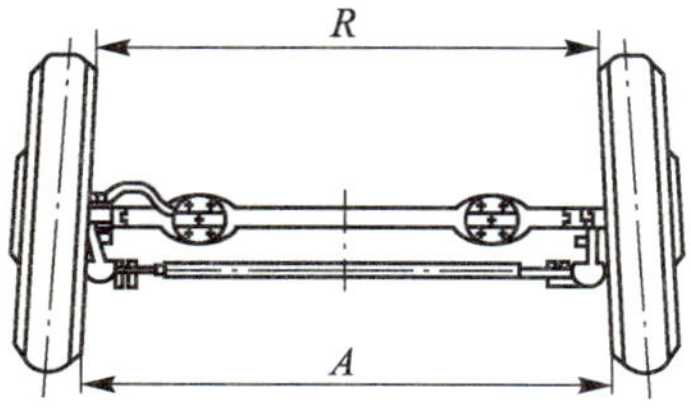 车轮前束	由上方看左右两个轮胎所成的角度，向内为正，向外为负	减低轮胎磨损及滚动阻力
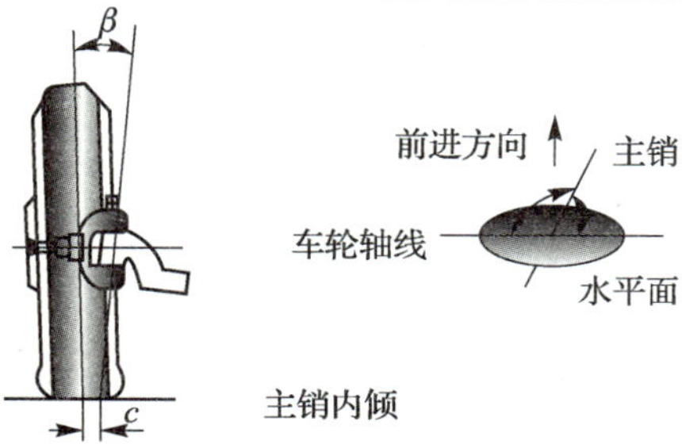 主销内倾	由车前方看转向轴中心线与垂直线所成角度	影响驾驶方向稳定性和车身重量着力点的位置

四轮定位不良引起的行驶故障如表 2-1-3 所示。

表 2-1-3 四轮定位不良引起的行驶故障

定位角度	原因	故障情况
主销后倾角	太大	转向时转向盘沉重
	太小	直行时转向盘摇摆不定；转向后转向盘不能自动归正
	不等	直行时车子往小后倾角边拉
车轮外倾角	太大	轮胎外缘磨损；悬架配件磨损
	太小	轮胎内缘磨损；悬架配件磨损
	不等	直行时车子往大外倾角边拉
前束角	太大	两前轮外缘磨损，且整个轮胎胎面呈锯刺状磨损；转向盘飘浮不定
	太小	两前轮内缘磨损，且整个轮胎胎面呈锯刺状磨损；转向盘飘浮不定

行驶故障及可能原因如表 2-1-4 所示。

表 2-1-4 行驶故障及可能原因

行驶故障	可能的原因
转向盘太重	后倾角太大
转向盘发抖	车轮静态或动态不平衡；车轮中心点偏心产生凸轮效应；发动机不平衡发抖；制动盘厚薄不均
偏向行驶	左右后倾角或外倾角不相等；车身高度左右不等；左右轮胎气压不等；左右轮胎尺寸或花纹不相同；轮胎变形或不良；转向系统卡位；制动片卡位
转向盘不正	后轮前束不良造成歪的推进线；转向系统不正
轮胎块状磨损	车轮静态不平衡；后轮前束不良
轮胎单边磨损	外倾不良
轮胎锯齿状磨损	前束不良
凹凸波状磨损	车轮动态不平衡；后轮前束不良

（二）仪器的主要技术性能

本任务选用的检测仪为元征 KWA-531 四轮定位仪。

1. 额定使用条件

① 环境温度：0～40℃；

② 相对湿度：≤85%；

③ 外磁场强度：≤400 A/m；

④ 光线要求：无强光直接照射；

⑤ 测量现场地面：不能产生反光；

⑥ 举升机前后倾斜度：≤1°；

⑦ 电源电压：AC 220 V，误差≤±10%；

⑧ 电源频率：50 Hz，误差≤±1%。

2．仪器特点

① 可以测量前轮前束、前轮外倾角、主销后倾角、主销内倾角、汽车最大转向角（配置电子转角盘时有此测量功能）、转向 20° 时前张角（配置电子转角盘时有此测量功能）、后轮前束、后轮外倾角、推力角、轴距差、轮距差等；

② 自动记录客户定位历史数据，便于客户管理；

③ 具有汽车方向盘校正功能，可免拆方向盘；

④ 具有用户定制定位测试流程。

3．测量范围

① 前轮总前束：±8.0°；

② 前轮前束：±4.0°；

③ 前轮左、右外倾角：±4.0°；

④ 前轮左、右主销后倾角：±20°；

⑤ 前轮左、右主销内倾角：±20°；

⑥ 后轮前束：±4.0°；

⑦ 后轮外倾角：±4.0°；

⑧ 最大转向角：±60°；

⑨ 轮辋的可测量直径范围：10～20 in。

4．结构组成

KWA-531 四轮定位仪由四轮定位仪主机、探测杆、轮夹、转角盘、方向盘固定架、刹车板固定架等组成。

（1）主机

KWA-531 四轮定位仪主机是用户的操作控制平台，由机柜、计算机、接口电路、电源等部分构成，如图 2-1-1 所示。

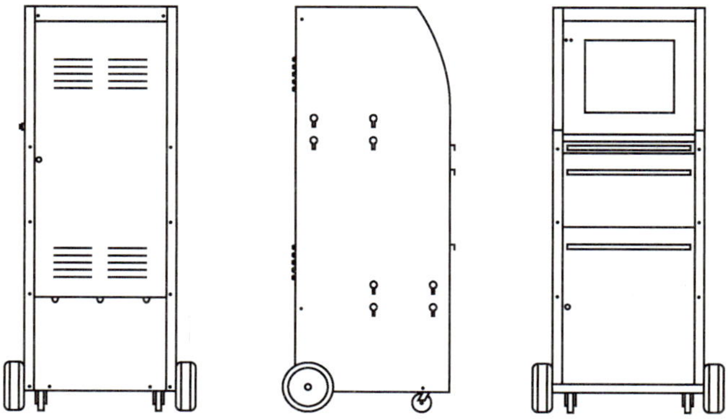

图 2-1-1　KWA-531 四轮定位仪主机

（2）探测杆

KWA-531 四轮定位仪配有四个探测杆，分别为左前探测杆、左后探测杆、右前探测杆、右后探测杆，如图 2-1-2 所示。四个探测杆不能互换，如果更换任一探测杆，则需要对全部四个探测杆重新进行标定。

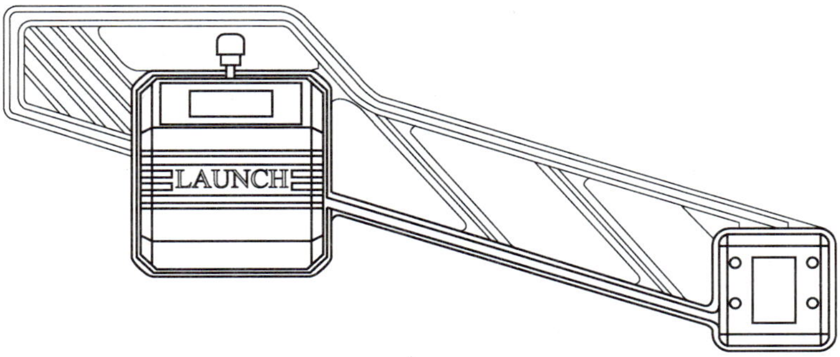

图 2-1-2　探测杆

每个探测杆的端部和中部各装一个 CCD 传感器，中部装有一个射频发射接收器。CCD 传感器把获取的光点坐标通过射频发射器无线传输给计算机系统，由计算机系统对图像进行处理。

（3）轮夹

KWA-531 四轮定位仪配有四个轮夹，如图 2-1-3 所示。使用时首先需通过调节旋钮将轮爪的间距调整合适，再与汽车轮辋相连。通过调节旋钮使轮夹与汽车轮辋紧密相连，同时利用轮夹绑带把轮夹与轮辋连接起来。轮夹装配正确与否与测试结果有很大关系。在装配轮夹时，应使轮爪避开轮辋上配重铅块处；同时务必使四个轮爪与轮辋接触均匀。在使用过程中严防磕碰，以免造成变形，从而影响测试精度。

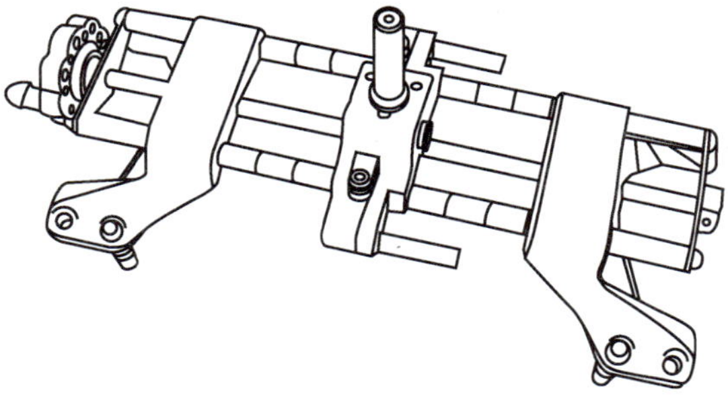

图 2-1-3　轮夹

（4）转角盘

KWA-531 四轮定位仪配有两个机械转角盘（标准配置，如图 2-1-4 所示）或两个电子转角盘（选配，如图 2-1-5 所示）。转角盘放置于举升机的汽车前轮位置处。车驶入前，用锁紧销将转角盘锁紧，防止其转动；汽车驶入后，松开锁紧销。在测试中，要尽量使汽车前轮正对转角盘中心位置。当选用电子转角盘时，将其上的连接线插头插入左前或右前探测杆中部 3PIN 插座中。

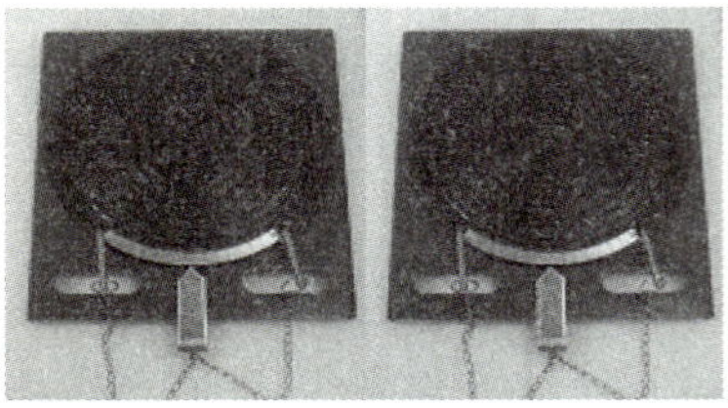

图 2-1-4　机械转角盘

图 2-1-5　电子转角盘

（5）方向盘固定架

KWA-531 四轮定位仪配有一个方向盘固定架，如图 2-1-6 所示。在测试中，需根据提示放置方向盘固定架，以保证测试过程中汽车车轮方向不会发生变化。

（6）刹车板固定架

KWA-531 四轮定位仪配有一个刹车板固定架，用于固定汽车刹车板，使汽车在测试中不会发生前后移动的现象，如图 2-1-7 所示。

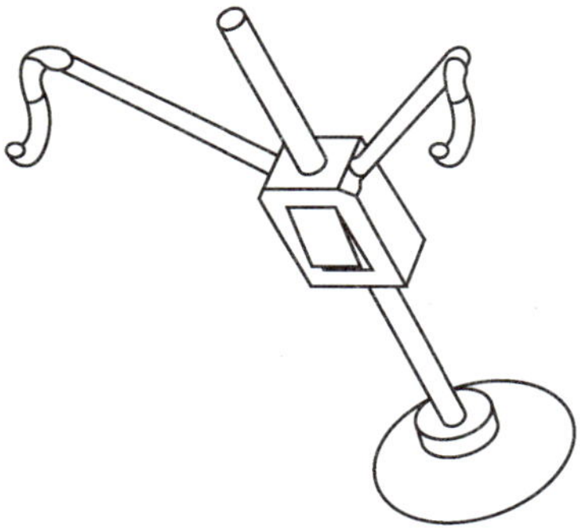

图 2-1-6　方向盘固定架

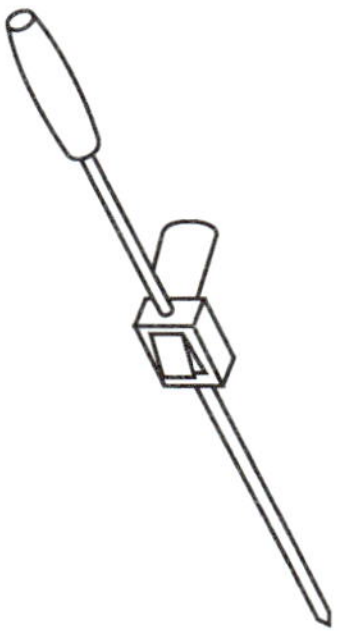

图 2-1-7　刹车板固定架

（7）轮夹绑带

KWA-531 四轮定位仪配有四个轮夹绑带，用于固定轮夹，如图 2-1-8 所示。轮夹装在轮辋上时，轮夹绑带两端的钩子分别钩在轮辋上，以免意外坠下损坏探测杆和轮夹。

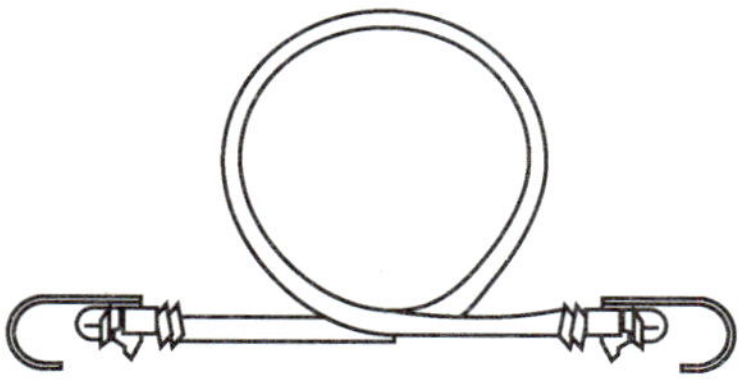

图 2-1-8　轮夹绑带

（三）收集四轮定位检测信息

将四轮定位检测信息填入表 2-1-5 中。

表 2-1-5　四轮定位检测信息

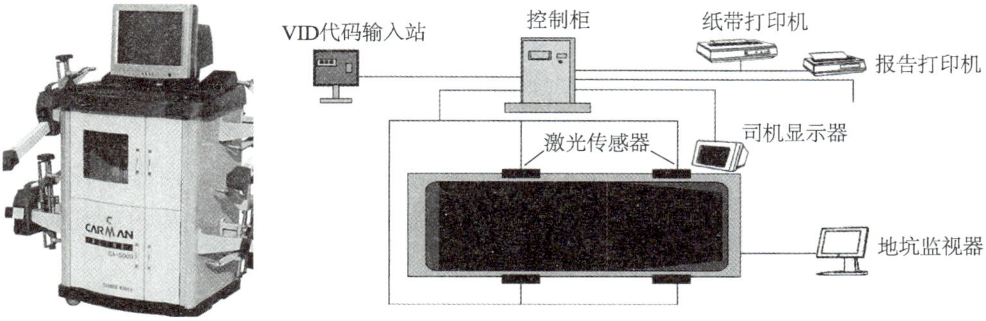

四轮定位仪及其检测系统

1. 描述四轮定位的作用

2. 前轮定位角度有____________________；后轮定位角度有______________________

3. 车辆在什么状况下需要四轮定位检测？

（1）汽车年检前

（2）新车行使达 3 000 km 时

（3）每半年或车辆行驶达 10 000 km 时

（4）更换或调整轮胎、悬架（挂）或转向系统有关配件后

（5）更换转向系统及零件时

（6）直行时方向盘不正

（7）直行时需紧握方向盘

（8）直行时车辆往左或往右拉

（9）车辆转向时，方向盘太重或无法自动回正

（10）行驶时感觉车身摇摆不定或有飘浮感

（11）轮胎不正常磨损，如前轮或后轮单轮磨损

（12）碰撞事故车维修后

4. 填空题

（1）主销后倾角的主要作用是____

（2）前束会影响轮胎的羽毛状磨损，那么用手从内侧向外侧抚摸，胎纹外缘有锐利的刺手感觉是前束______

（3）外倾角从汽车前方看，是轮胎__________和________之间的夹角

（4）______________定位可以防止四轮定位后方向盘不正的问题

三、制定检测计划

（一）测试前的准备

1．仪器准备

① 将举升机平台上的转角盘用锁销穿好锁定后，将被测车辆开上举升机平台，要求前轮压在转角盘上。此时前轮应摆正在直线位置上，拉紧手制动，拆下转角盘锁销，并选择好二次举升的支撑点。

② 检查胶套、轴承、摆臂、三角架球头、减振器、拉杆球头和方向盘等零部件是否有松动及磨损，检查轮胎气压和轮胎规格以及两前轮花纹是否相同，两后轮花纹深浅是否一致。

③ 将四个轮夹安装在待测车的四个轮子上，并旋转手柄以锁紧轮夹。根据实际情况将卡爪固定在轮辋外圈或内圈，卡爪深浅应一致，并尽量避免卡在变形比较大的区域。轮夹装在轮辋上时，将轮夹绑带绑在轮夹上，绑带两端的钩子分别钩在轮辋上，以免轮夹意外坠下损坏探测杆和轮夹。

④ 将探测杆通过轮夹的滑杆按规定的位置分别安装在轮夹上，如图 2-1-9 所示（图示为右前轮的连接方法）。前探测杆有一个 3PIN 通信线接口，用于与电子转角盘连接线相连。

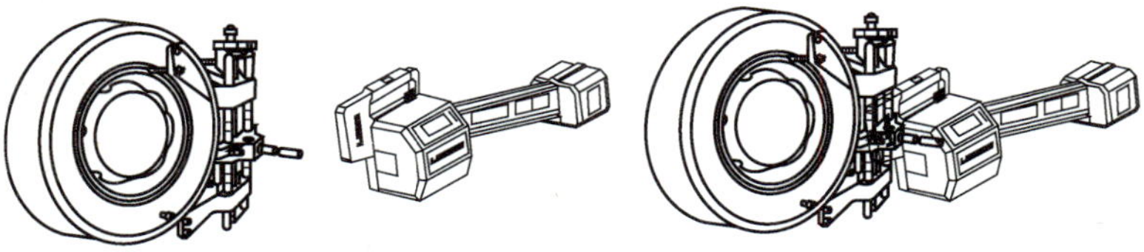

图 2-1-9　探测杆安装

⑤ 调节探测杆，使水准仪气泡处于中间位置，以保证传感器探测杆处于水平状态。

⑥ 将方向盘固定架放在驾驶座椅上，压下手把使之顶住方向盘以锁定方向盘。

⑦ 将制动踏板固定架下端顶在制动踏板上，上端卡在座椅上撑紧，以使车辆固定。

⑧ 将四轮定位仪的电源插头插入 220 V 的三端电源插座。注意：只是插入，不开启主机电源。

⑨ 将方向盘固定架放在驾驶座椅上，压下手把使之顶住方向盘以锁定方向盘。

⑩ 将刹车板固定架下端顶在制动踏板上，上端卡在座椅上撑紧，以使车辆固定。

2．设定基本参数

打开电源，启动工控机，进入 Windows 操作系统，运行桌面上无线四轮定位仪的操作程序，屏幕进入测量程序主界面。主界面显示有 4 项功能：用户管理、定位检测、帮助系统、退出。在主界面下可以选择三种界面语言：简体中文、英文、繁体中文。

3. 用户管理

在主界面下，点击“用户管理”按钮，屏幕显示用户管理图标界面。用户管理功能模块为用户提供了一组实用的程序，其功能如下。

- 用户资料：为用户提供自己输入资料的窗口，此资料可在打印报表时打印出来。
- 客户资料：可以让用户轻松管理顾客的资料以供随时查阅。
- 数据查询：可查询相关车型的四轮定位数据。
- 数据编辑：可编辑加入新车型的四轮定位数据。
- 图像调节：用于图像格式的设置，在通信异常或图像异常时调节传感器图像。
- 传感器标定：任一传感器更换之后，必须使用“传感器标定”程序进行传感器参数的标定，并保存有关数据供测量程序使用。

（二）制定检测步骤

① 询问客户车辆在行驶中的症状。

② 车辆开上举升机时，车前应当有人引导。前轮要停在转盘上，后轮停在滑板上。汽车在开上举升机前应把转盘装好锁销。

③ 升起举升机，观察轮胎有无啃胎、偏磨的情况；检查轮胎气压，不够则要加气，太高则要放气（气压值按车型定）；检查轮胎花纹深浅，如轮胎磨损太严重，则更换轮胎后再做定位；检查两侧车轮挡泥板上沿到台面的距离，如果不相等，说明可能是一侧弹簧疲劳或者一侧减振器损坏，须先调整好两侧车高后才能做定位。

④ 用二次举升举起汽车，检查横拉杆各球头是否松旷，上下摆臂胶套是否有裂纹、松旷；搬动轮胎，检查轴承是否太松。这些部件如果有损坏，必须更换后再做定位。

⑤ 装机，按四轮定位仪要求做定位。

（三）四轮定位仪检测步骤

1. 检测前准备

打开电源，启动电脑，直接进入测量程序主界面。主界面显示有 5 项功能：定位检测、系统管理、报表打印、帮助系统、退出系统，如图 2-1-10 所示。

图 2-1-10　测量程序主界面

（1）选择车型

在定位检测界面上点击“选择车型”按钮，进入车型选择程序。从区域中选择一个所需的地区，屏幕将显示所选地区的汽车制造厂家。从图中选择一个制造厂家，屏幕将显示出制造年份。双击对应车型，屏幕将显示出该车型的四轮定位数据。点击“确认”按钮返回定位检测界面。

（2）检测步骤设置

在定位检测界面上点击“检测步骤设置”按钮，屏幕进入检测步骤设置界面。检测步骤设置功能可以设置四轮定位检测时的操作步骤。如按钮的灯为亮绿色表示顺序操作步骤中有该项检测，按钮的灯为暗绿色表示顺序操作步骤中无该项检测。

测量角度值用百分度表示时，设置为“百分度”；用度分表示时，设置为“度分”；前束值用长度值表示时，设置为“毫米”。这时屏幕会弹出一个对话框，要求输入被检车辆的轮胎直径，此时将被检车辆的轮胎直径输入即可。

修改完定位检测步骤并设置好单位后，点击“确认”按钮返回定位检测界面。

（3）定位准备

在定位检测界面上点击“定位准备”按钮，或执行完“检测步骤设置”操作后点击“确认”按钮，屏幕显示定位界面。该项功能主要用于告诉用户如何连接轮夹、探测杆等。

在进行检测前，自动检测无线通信是否正常、传感器图像是否正常、屏幕是否显示出来。如不正常，要对无线通信部件和模拟摄像机进行检查；如正常，要继续检查轮胎气压是否合格、轮辋是否变形、轮胎是否异常。如不正常，请进行修正；如正常，点击“确认”按钮返回定位检测界面。

（4）偏心补偿

在定位检测界面上点击“偏心补偿”按钮，屏幕显示如图 2-1-11 所示。该项功能是为了减小由于钢圈、轮胎的变形和装夹而引起的误差，建议每次测量都选择该步骤，以确保测试精度。

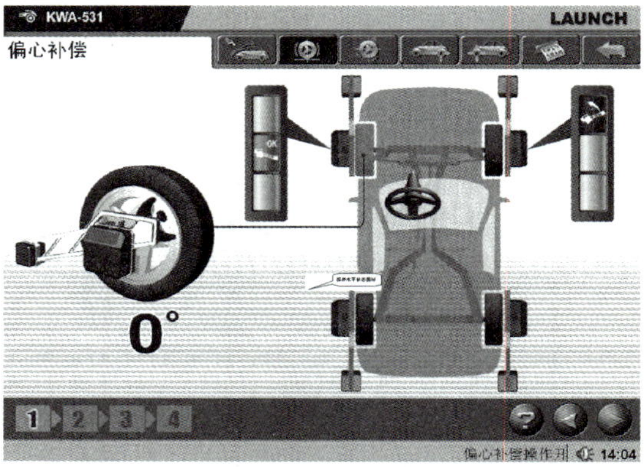

图 2-1-11　探杆水平状态图标

按照屏幕右方显示方框中的提示，首先使车轮平直，再用方向盘固定架固定方向盘，保证方向盘不转动。然后取下刹车板固定架，使车轮可以自由旋转。此时，分别安装四个轮夹以及探杆（若只做前轮的偏心补偿，可只安装前轮的两个轮夹及探杆），安装稳固后，用举升机举起车身，保持车身左右水平，使四轮悬空。然后点击“开始”按钮，按界面下方文字提示开始偏心补偿操作。

分别调整各个探杆，使所有探测杆都能达到水平状态，定义此时车轮为0°状态，这里0°是与后面车轮旋转 180°相对而言的。点击“下一步”按钮或按对应车轮上探测杆操作面板上的“OK”键，松开探测杆锁紧销，按屏幕提示，依箭头所示方向再将车轮转动90°，并调整探测杆使之水平后，点击“下一步”按钮或按对应车轮上探测杆操作面板上的“OK”键。依照屏幕提示，待4个车轮的偏心补偿全部完成后，点击“确认”按钮返回定位检测界面。

2. 初始测量

在定位检测界面上点击“初始测量”按钮，屏幕显示初始测量界面。初始测量主要测量前后车轮的前束值、外倾角、推力角、轴距差、轮距差等，并一起显示出来。

首先进入车辆正前打直调试程序。此时四轮定位仪自动检测车辆是否摆正，并在屏幕上显示出偏差值，且指示方向盘应转动的方向与角度。当车辆摆正后，点击“确认”按钮，屏幕提示方向盘是否处于正直状态，如未处于正直状态，点击“否”按钮重新调试；如处于正直状态，点击“是”按钮，系统将进入初始测量步骤。

待所有数值显示出来后，点击“下一步”按钮，开始转向 20°时前张角和最大转向角的测量，依照屏幕提示完成全部操作后，点击“确认”按钮返回定位检测界面。

3. 主销测量

（1）技术参数

前轮外倾角参数：$-24'\pm20'$；

主销后倾角参数：$3.95°\pm30'$；

主销内倾角参数：$12.56°\pm30'$。

（2）操作步骤

主销测量是针对前轮而言的，包括主销内倾及主销后倾。主销内倾角可使车重平均分布在轴承之上，保护轴承不易受损，并使转向力平均，转向轻盈。主销后倾角可使转向轴线与路面的交会点在轮胎接地点的前方，从而利用路面对轮胎的阻力让汽车保持直进。

在定位检测界面上点击“主销测量”按钮，屏幕界面显示如图 2-1-12 所示。

方向盘调整至正前打直状态，即两前轮分前束相等的时候，操作界面上的圆形小球会移动到中间位置并且由红色变成绿色，此时调整所有探杆水平。向左偏转方向盘约 10°，到达指定位置后，小球再次由红色变成绿色。回正方向盘，并向右偏转约 10°，到达指定位置后小球再次由红色变成绿色。

测量完毕后，回正方向盘，系统自动转到下一页，查看测量结果，如图 2-1-13 所示。

图 2-1-12　主销测量界面

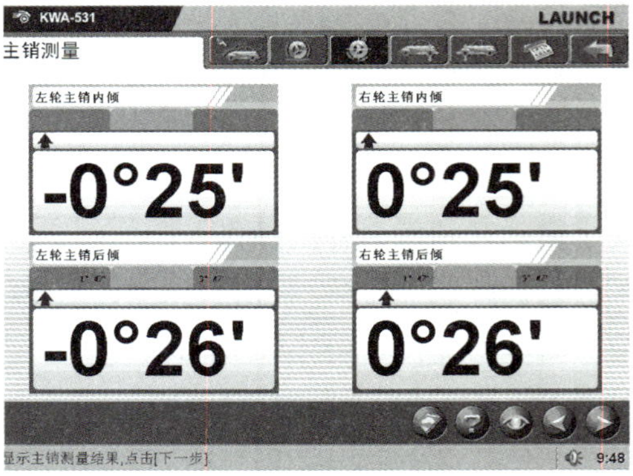

图 2-1-13　主销测量

其他按钮的功能说明如下。

“调车帮助”：可以查看主销调整的演示动画，如图 2-1-14 所示。

“详细数据”：可以查看所有的测量数据，如图 2-1-15 所示。

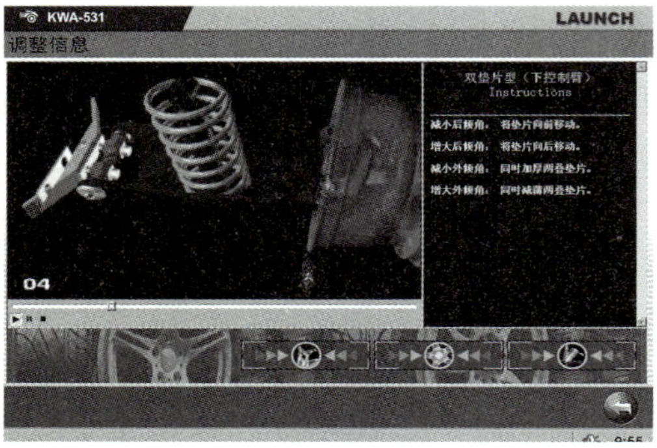

图 2-1-14　调整信息

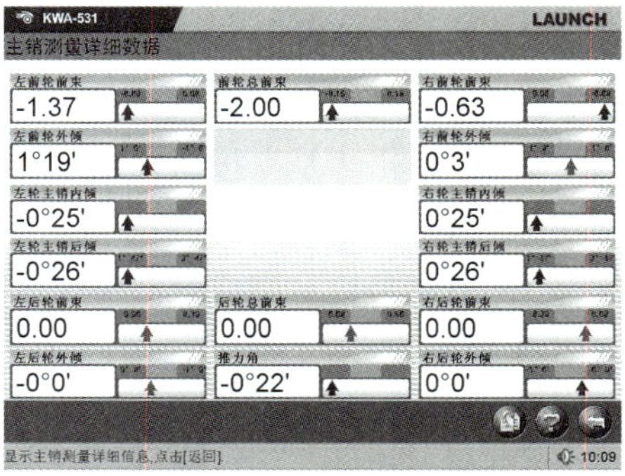

图 2-1-15　主销测量详细数据文字格式显示

“显示格式”：主销测量详细数据有文字格式和图形格式两种表示方法，如图 2-1-16 所示。

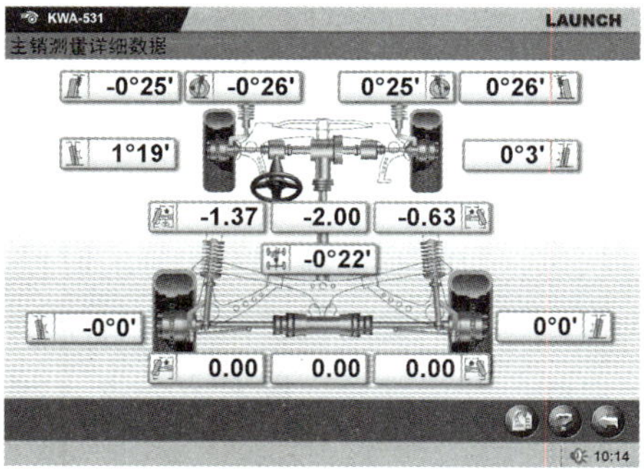

图 2-1-16　主销测量详细数据图形格式显式

（3）注意事项

做主销测量前，需要执行以下操作。

① 安装刹车板固定架；

② 拉手刹，以确保车轮不会发生滚动；

③ 去掉方向盘固定架。

4. 前轴测量

（1）技术参数

前束值：0°±10′；

力矩：35±3 N • m。

（2）操作步骤

在定位检测界面上点击“前轴参数”按钮，屏幕显示如图 2-1-17 所示。如果前轴参数与原厂设计参数不符需要调整时，首先调整外倾角，然后调整前束角，直至前轴参数（外倾、前束）全部调整合格。

前轴参数（外倾、前束）全部调整合格后，点击“下一步”按钮，进入车辆正前打直调试程序。按照前面叙述的正前打直调试程序操作完成后，点击“确认”按钮返回定位检测界面。

5. 后轴测量

在定位检测界面上点击“后轴参数”按钮，屏幕如图 2-1-18 所示。如果后轴参数与原厂设计参数不符需要调整时，首先调整外倾角，然后调整前束角，直至后轴参数（外倾、前束）全部调整合格。调整完毕，点击“确认”按钮返回定位检测界面。

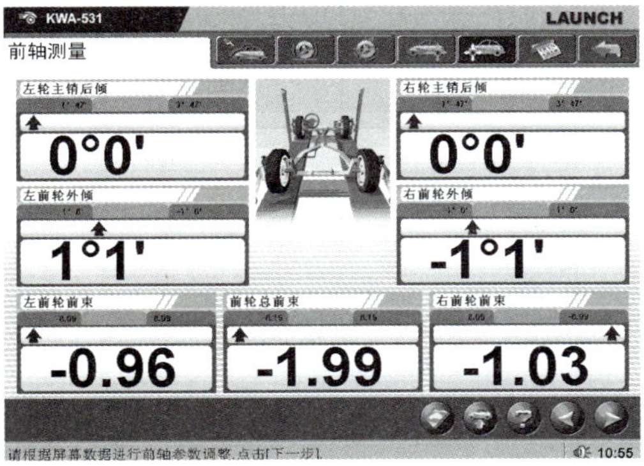

图 2-1-17　前轴测量

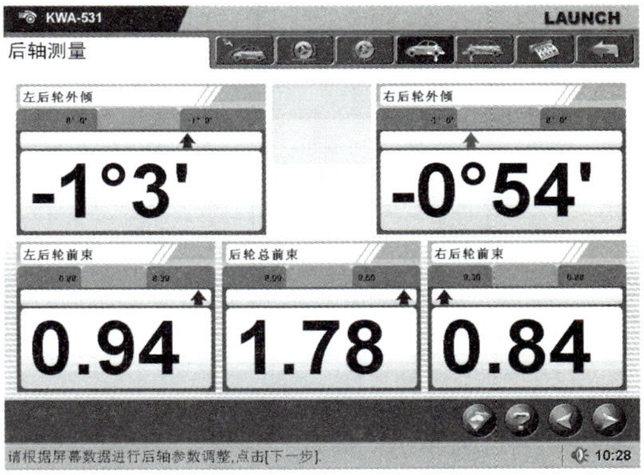

图 2-1-18　后轴测量

6. 校后测量

在定位检测界面上点击“校后测量”按钮，屏幕显示校后测量数据。校后测量主要测量调整后前后车轮的前束、外倾、推力角、轴距差、轮距差等，并一起显示出来。

7. 打印报表

在定位检测界面上点击“打印报表”按钮，屏幕显示报表。添入用户名和车牌后点击“确认”按钮，此时可选择是否将数据存盘保存，完成上述操作后，报表将被打印出。

四、实施检测作业

使用四轮定位仪对汽车进行性能检测，完成任务一的检测工作，如表 2-1-6 所示。

表 2-1-6　四轮定位仪对汽车进行检测作业

<table>
<tr><td colspan="5">一车主驾驶一辆丰田花冠轿车，行驶 38 000 km，打算在冬季从北京开车到五台山进行旅游，想在出发前为爱车做个四轮定位的检查</td></tr>
<tr><td colspan="2" rowspan="2">1. 车辆故障现象的描述及检验确认</td><td>故障描述</td><td colspan="2">进行四轮定位检测</td></tr>
<tr><td>检验确认</td><td colspan="2">使用元征 KWA-531 四轮定位仪进行检验确认</td></tr>
<tr><td rowspan="7">2. 四轮定位检测</td><td>检测项目</td><td>作业要领</td><td>技术标准</td><td>检查记录</td></tr>
<tr><td>四轮定位仪检测前准备</td><td></td><td></td><td></td></tr>
<tr><td>初始测量</td><td></td><td></td><td></td></tr>
<tr><td>主销测量</td><td></td><td></td><td></td></tr>
<tr><td>前轴测量</td><td></td><td></td><td></td></tr>
<tr><td>后轴测量</td><td></td><td></td><td></td></tr>
<tr><td>校后测量</td><td></td><td></td><td></td></tr>
<tr><td colspan="2">检查与维护结论</td><td colspan="3"></td></tr>
</table>

五、检验与评估

任务一完成情况的检验评估表如表 2-1-7 所示。

表 2-1-7　任务一的检验与评估

<table>
<tr><th>评价指标</th><th colspan="2">检验说明</th><th colspan="4">检验记录</th></tr>
<tr><td>维护检查项目</td><td colspan="2"></td><td colspan="4"></td></tr>
<tr><td>车辆运行情况</td><td colspan="6"></td></tr>
<tr><td>评价内容</td><td colspan="2">检验指标</td><td>权重</td><td>自评</td><td>互评</td><td>总评</td></tr>
<tr><td rowspan="3">检查任务完成情况</td><td colspan="2">1. 完成任务过程情况</td><td rowspan="3"></td><td rowspan="3"></td><td rowspan="3"></td><td rowspan="11"></td></tr>
<tr><td colspan="2">2. 任务完成质量</td></tr>
<tr><td colspan="2">3. 在小组完成任务过程中所起作用</td></tr>
<tr><td rowspan="5">专业知识</td><td colspan="2">1. 能描述四轮定位的作用</td><td rowspan="5"></td><td rowspan="5"></td><td rowspan="5"></td></tr>
<tr><td colspan="2">2. 能描述各角度的应用情况</td></tr>
<tr><td colspan="2">3. 能描述四轮定位的使用注意事项</td></tr>
<tr><td colspan="2">4. 能描述四轮定位仪的作业过程</td></tr>
<tr><td colspan="2">5. 能描述四轮定位作业安全事项</td></tr>
<tr><td rowspan="3">职业素养</td><td colspan="2">1. 学习态度：积极主动参与学习</td><td rowspan="3"></td><td rowspan="3"></td><td rowspan="3"></td></tr>
<tr><td colspan="2">2. 团队合作：与小组成员一起分工合作，不影响学习进度</td></tr>
<tr><td colspan="2">3. 现场管理：服从工位安排，执行实训室“5S”管理规定</td></tr>
<tr><td>综合评议与建议</td><td colspan="6"></td></tr>
</table>

六、项目拓展

车辆跑偏的调整

在调整跑偏时，一般是通过调整主销后倾角或前轮外倾角来抑制车辆的跑偏，其调整也是要维持平衡。

影响车辆跑偏的外在因素有轮胎气压、轮胎新旧程度、轮胎花纹、悬架的磨损程度、试车时的路况及路面平整度等。在轮胎左右两边数据相差不大的情况下是很难通过数据来判断车辆是否跑偏的，因此，最好通过试车来检验车辆是否跑偏，如果跑偏，那么就要观察车辆的悬架部分，检查涉及到跑偏的这两个定位参数是否可以调整，调整量有多少。

如图 2-1-19 所示，这是一辆向右跑偏的奇瑞东方之子汽车的前轮定位参数。从主销后倾角和外倾角大小分析，都可以看出车辆有向右跑偏的趋势。但是观察这辆车的悬架后发现其主销角度不可调，因此只能从前轮外倾角上入手，因为它的前轮外倾角有一定的调整量。如果让这辆车不再向右跑偏，那么只能使这辆车的前轮右侧外倾角小于左侧外倾角。

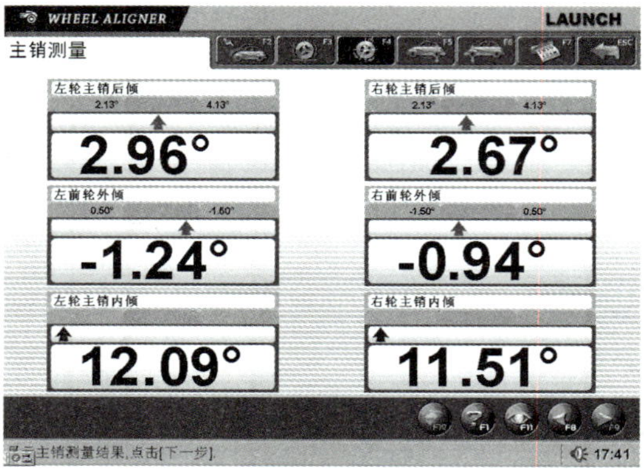

图 2-1-19　前轮定位参数

调整后的结果如图 2-1-20 所示。

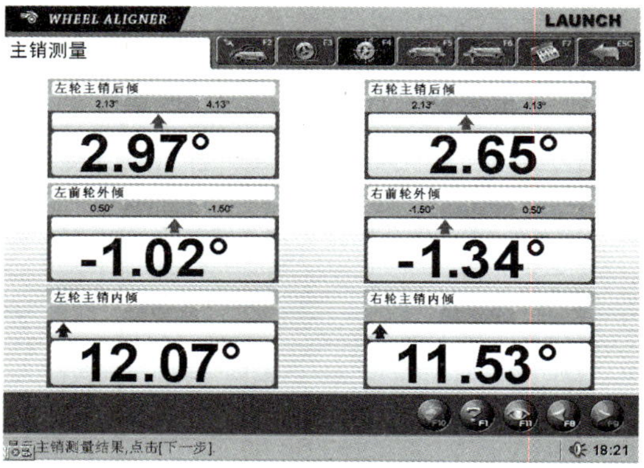

图 2-1-20　调整后的参数

调整后试车有如下 3 个结果。

① 向左跑偏。如果出现这种情况，说明刚才的前轮外倾角调整量过大，需要根据跑偏的程度，适当减小左右两前轮外倾角的调整量。

② 不再跑偏。这是最理想的结果。

③ 继续向右跑偏。如果出现这样的结果，是因为此车的前轮外倾角调整量不够，需要更换外倾角调整螺栓来进行进一步的调整。

很大一部分存在跑偏故障的车辆在检测时，很容易就会在前轮定位参数上发现某个参数异常，这时维修者应主要考虑的是造成这个参数异常的原因或部位，以便从根本上解决问题。对于主销后倾角不可调的车辆，只能从前轮外倾角上来补偿，以达到右侧主销后倾角加上外倾角所产生的使转向盘向左的力等于左侧主销后倾角加上外倾角所产生的使转向盘向右的力。但是补偿后往往会出现前轮左右外倾角相差过大的情况，从而造成左右两侧轮胎磨损的不平衡，出现轮胎的偏磨损。

任务二　汽车制动、侧滑、平衡、转向检测

任务导入	张先生的一辆宝来 1.6 轿车在紧急制动时出现向右跑偏的现象，平时开车时也觉得方向盘左转很沉重，进入维修厂进行检测
任务目标	了解汽车制动跑偏、侧滑的原因 掌握平板式检测线的使用方法
任务实施	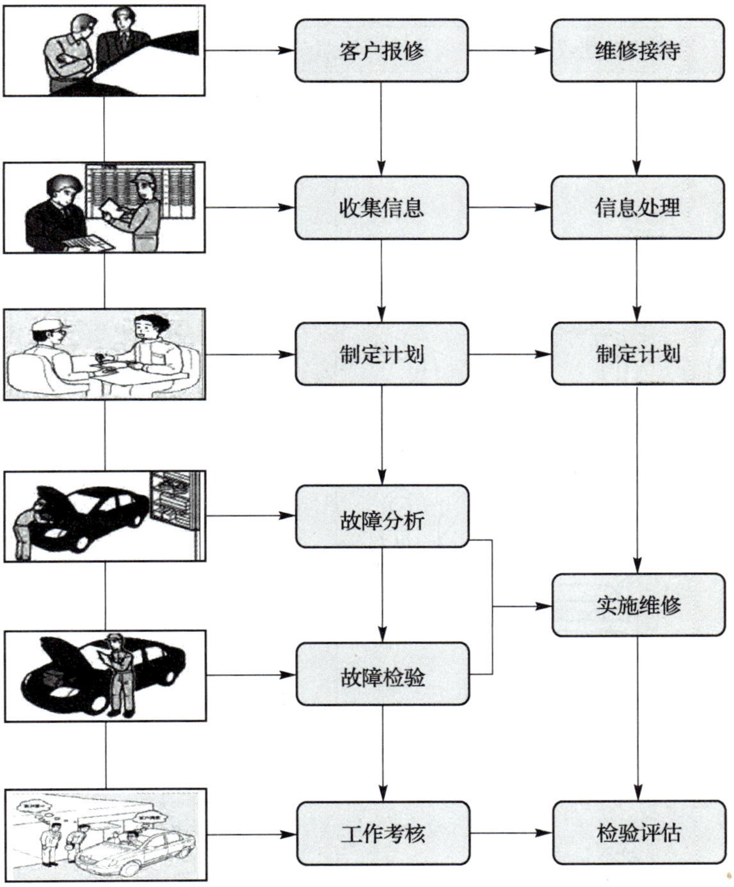

一、维修接待

按照表 2-2-1 进行任务二的维修接待，并准确填写接车问诊表。

表 2-2-1 维修接待与接车问诊表

1. 通过询问客户了解车辆故障现象，填写接车问诊表
2. 车间检测初步确认结果：利用平板式检测线（TLPB-3B）对车辆进行检测确认

接 车 问 诊 表

车牌号：__________ 车架号：__________ 行驶里程：______（km）

用户名：__________ 电 话：__________ 来店时间：___/___

用户陈述：一辆宝来 1.6 轿车在紧急制动时出现向右跑偏的现象，平时开车时也觉得方向盘左转很沉重
接车员检测确认建议：利用平板式检测线对车辆进行检测确认
车间检测确认结果及主要故障零部件：利用平板式检测线 TLPB-3B 对车辆进行检测确认 车间检查确认者：

外观确认：

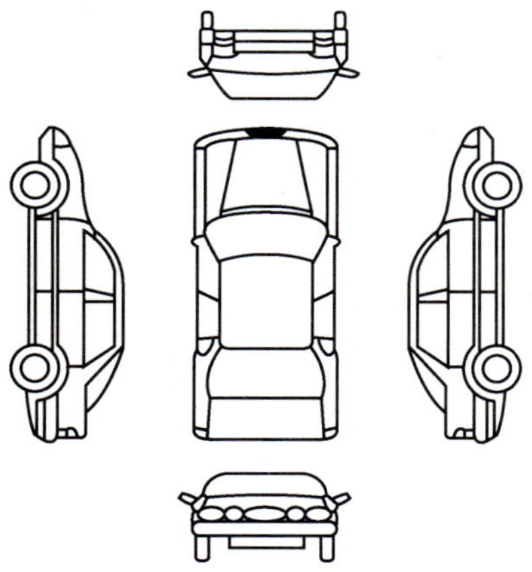

（请在有缺陷部位作标识）

功能确认：（工作正常 √ 不正常 ×）

□音响系统 □门锁（防盗器）□全车灯光

□工具 □后视镜 □天窗 □座椅

□点烟器 □玻璃升降器 □玻璃

物品确认：（有 √ 无 ×）

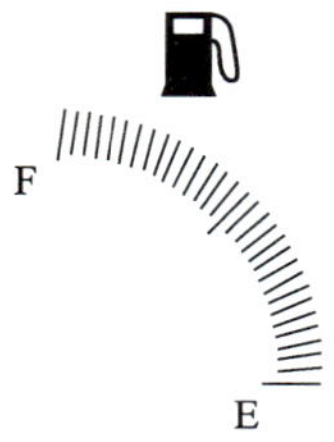

贵重物品提示

□工具 □备胎 □灭火器

□其他（ ）

旧件是否交还用户

□是 □否

用户是否需要洗车

□是 □否

• 检测费说明：本次检测的故障如用户在本店维修，检测费包含在修理费用内；如用户不在本店维修，请您支付检测费。本次检测费：¥________元

• 贵重物品：在将车辆交给我店检查修理前，已提示将车内贵重物品自行收起并保存好，如有遗失恕不负责

接车员：________________ 用户确认：________________

二、信息收集与处理

（一）原因分析及检测方法

汽车制动跑偏的原因分析如表 2-2-2 所示。

表 2-2-2　汽车制动跑偏的原因分析

制动跑偏现象描述	汽车在平路上制动时，在转向盘居中的情况下，自动向左或向右偏驶
制动跑偏原因分析	主要是由汽车左右车轮制动器制动力增加快慢不一致或左右车轮制动力不相等造成的，特别是转向轮左右车轮制动器制动力不相等 此外，汽车轮胎的机械特性、悬架系统的结构与刚度、前轮定位、道路状况、车辆载荷分布状态等因素也会影响制动跑偏
结论	汽车制动跑偏会令驾驶员无法控制车辆前进的方向，使车辆脱离原来的运动轨迹，种状况常常是造成汽车撞车，甚至翻车等严重交通事故的根源，对行车安全带来严重威胁，因此必须给予足够重视，决不能允许汽车跑偏的故障存在

汽车侧滑的原因分析如表 2-2-3 所示。

表 2-2-3　汽车侧滑的原因分析

制动侧滑现象描述	制动时汽车某一轴或两轴发生横向移动
制动侧滑原因分析	主要是由车轮制动抱死造成的。高速制动时，后轮抱死侧滑情况最为危险，易产生急剧回转，即制动“甩尾”现象；前轮抱死或前轮先抱死拖滑，汽车会失去转向能力，在弯道行驶时十分危险
结论	汽车的侧滑会造成滚动阻力增加、行驶稳定性变差、轮胎磨损加剧、运行油耗增多和转向沉重，从而影响汽车的使用性能和经济性能。所以必须对汽车的侧滑进行定期检测。汽车侧滑检测的实质是反映转向轴车轮定位产生的侧向力，或由此引起的车轮侧滑量

汽车转向、行驶与制动系统综合检测如表 2-2-4 所示。

表 2-2-4　汽车转向、行驶与制动系统综合检测

检测方法	道路试验检测法（道路检测法）与台架试验检测法（台式检测法）
检测设备（台式检测）	1. 滚动式检测线 （1）反力式 （2）惯性式 2. 平板式检测线
检测内容	1. 对车辆的侧滑、轴重、悬挂、制动等进行测试 2. 检测汽车的侧滑量、制动力、轴重、驻车制动力等数据

（二）检测仪器的主要技术性能

本任务选用的检测仪为平板式检测线（TLPB-3B）。

1．额定使用条件

① 温度：0～40℃；

② 相对湿度：20%～80%；

③ 电源电压：AC 220 V，误差≤±5%；

④ 电源频率：50 Hz，误差≤±2%。

2．测量范围

① 测试轴重：1～3 000 kg；

② 动态最大轴重：45 000 kg；

③ 制动力测量范围：2×(0～10 kN)；

④ 侧滑检测精度：5 m/km。

3．结构组成

TLPB-3 汽车平板式检测台主要由测试平板和控制系统组成，其结构如图 2-2-1 所示。

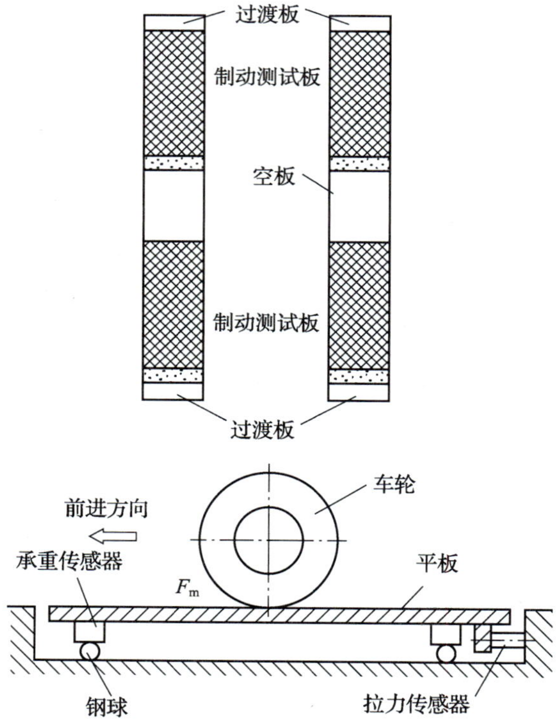

图 2-2-1　TLPB-3 汽车平板式检测台

➢ 测试平板：主要由上车导板、制动检测板、侧滑检测板，制动力传感器、侧滑位移传感器及称重传感器等部件组成。

- **控制系统**：主要由显示装置、计算机、键盘、鼠标、打印机、主开关、控制板等零部件组成。

（三）收集汽车底盘性能检测信息

将汽车底盘性能检测信息填入表 2-2-5 中。

表 2-2-5　汽车底盘性能检测

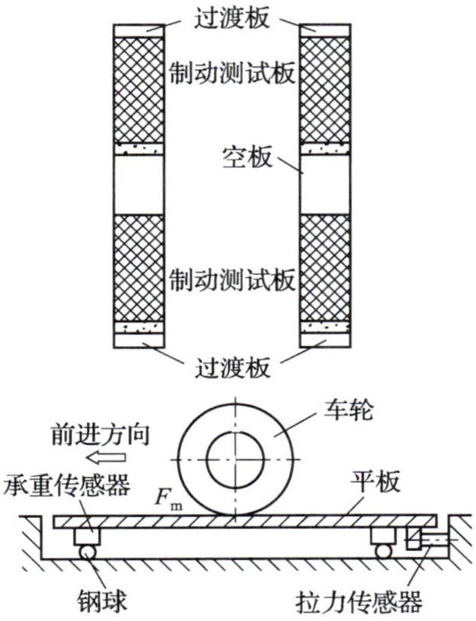

TLPB-3 汽车平板式检测台

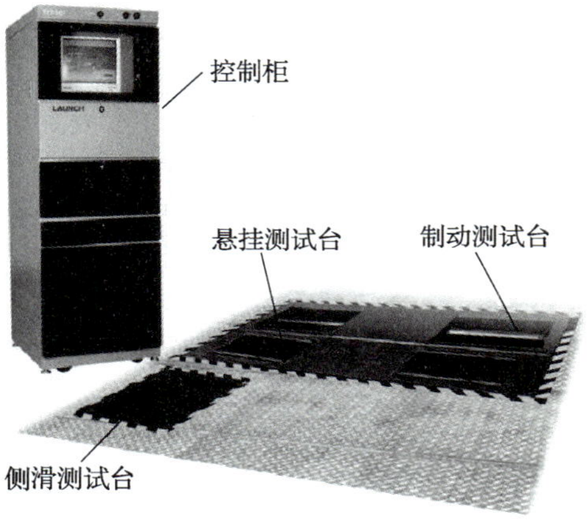

K-401 集中式汽车检测线

底盘检测	主要内容
传动系技术状况	
转向系技术状况	
制动系技术状况	
行驶系技术状况	

1. 汽车制动系统的组成：________________
2. 汽车制动性能的评价指标：________________
3. 制动跑偏的定义：________________
4. 侧滑的定义：________________
5. 汽车转向系统的组成：________________
6. 汽车制冷系统的组成：________________

三、制定检测计划

（一）测量前的准备

1. 仪器调校

（1）进入标定状态的方法

没开机前按住“打印”键，然后开启电源开关，稍等 5 s 后松开“打印”键，即可进入标定状态。

（2）进行侧滑标定

进入标定状态后按下“切换”键，汉字提示屏即显示“侧滑标定”，“前左轮”数码管此时显示侧滑值。

1）零点示值误差的调试方法

将侧滑试验台台面、量具和工具擦拭干净，安装磁性表座、百分表、方箱，使方箱正面与滑板位置方向垂直，百分表测杆与方箱正面垂直，将百分表测头压入 5 mm 后调零。缓慢向内、内外移动滑板，观察百分表示值，如不为零，应调整弹簧拉力杆计，使百分表回零良好。若以上动作重复 3 次后，仍不能调零，则应清洗滑板活动部件，加润滑油，再重新调零。

2）示值误差的调试方法

当百分表为零值时，仪表“前左轮”数码管应显示零位，否则按“清零”键。缓慢向内、外推动侧滑板，观察百分表示值，当百分表示值显示为 3，5，7 时，工位数码管应显示 6，10，14，如数码管显示的数据与百分表的数据不符，请调节主板上的可调电位器 W1，使之数据相同。重复 3 次，将测得的数据填入表 2-2-6 中。

表 2-2-6　示值误差调试表

方向	百分表示值 A（m/km）	侧滑试验中显示仪表值 X（m/km）	最大示值误差 δ（m/km）
向内	3		
	5		
	7		
向外	3		
	5		
	7		

其中：示值误差 δ 的计算公式为

$$\delta = X - A$$

式中：δ——示值误差（m/km）；

X——侧滑试验中显示仪表值（m/km）；

A——百分表示值（m/km）。

要求侧滑量为 3，5，7 m/km 时示值允许误差小于±0.1 m/km。若不符合要求，则须重新调试。

（3）进行轴重标定

进入标定状态后按下“切换”键，汉字提示屏即显示“轴重标定”，数码管“前左轮”与“前右轮”显示左板轴重值与右板轴重值。将平板试验台台面、量具和工具清除干净后，检测仪应处于自由状态，按下“清零”键。

将标准砝码置于相应的测试平板上，如果数据与砝码实际重量不符，请调节信号板上的可调电位器，使之数据相同，重复操作 3 次，使数据稳定。其中，前左轴重标定应调节可调电位器 W2，前右轴重标定应调节可调电位器 W3，后左轴重标定应调节可调电位器 W4，后右轴重标定应调节可调电位器 W5。

（4）进行制动标定

进入标定状态后按下“切换”键，汉字提示屏即显示“制动标定”，数码管“前左轮”与“前右轮”显示左板制动值与右板制动值。将平板试验台台面量具和工具清除干净后，检测仪应处于自由状态，按下“清零”键。

将标定传感器架设在相应的测试平板上，拧紧加力螺栓至平板刚好与制动传感器接触，将标定仪表和工位仪表清零。用加力杆旋转螺栓，此时标定仪表所显示的数据即为工位仪表应显示的数据，但要进行单位换算。进行单位换算后，如果与实际值不符，请调节信号板上的可调电位器，使之数据相同，重复操作 3 次，使之数据稳定。其中，前左制动力标定应调节可调电位器 W6，前右制动力标定应调节可调电位器 W7，后左制动力标定应调节可调电位器 W8，后右制动力标定应调节可调电位器 W9。

2. 仪器准备

① 检查试验平板上有无泥土、水、油污、砂石等杂物，如有则应清除干净。

② 使平台在无负荷状态下工作，检查并调整仪表指针零位。

③ 检查举升器动作是否灵活，动作阻滞或漏气的部分应进行检修。

④ 检查举升器是否在升起位置，否则应使举升器升起到位。

⑤ 打开指示、控制装置上电源开关（按说明书要求预热至规定时间）并检查各指示灯工作是否正常。

⑥ 检查各种导线有无因损伤造成的接触不良现象。

3. 待测车辆的准备

① 核实汽车各轴轴荷，确保被测汽车车轴轴荷在试验台允许载荷范围内。

② 检查轮胎是否粘有泥土、水、油污等杂物，要特别注意检查轮胎花纹内或后轴双轮胎间是否嵌有石子。

③ 检查轮胎气压，使其符合制造厂规定值。

④ 车辆在预备线上等待检测。

（二）检测步骤的制定

如图 2-2-2 所示，被检车辆以每小时 5～10 km 的速度按“进车方向”向测试平板驶去，当前轮挡住光电时，汉字点阵屏提示刹车，引车员操纵刹车机构进行刹车并踩下离合器踏板，此时微电脑记录了侧滑、前轮左右制动力、前轮左右轴重、后轮左右制动力和后轮左右轴重等数据。

接着汉字点阵屏提示“前进”，被检车辆以同样速度前进，当后轮通过光电时，汉字点阵屏提示拉手刹，引车员操纵手刹，此时微电脑记录了后轮手刹力及后轮轴重。此时全自动检测完毕，数据在显示屏显示出来，如图 2-2-3 所示。按下“打印”键，此时全自动检测的数据由微型打印机打印出来，以供参考。检测完毕后，将车辆驶离测试平板。

图 2-2-3 中的命令按钮说明如下。

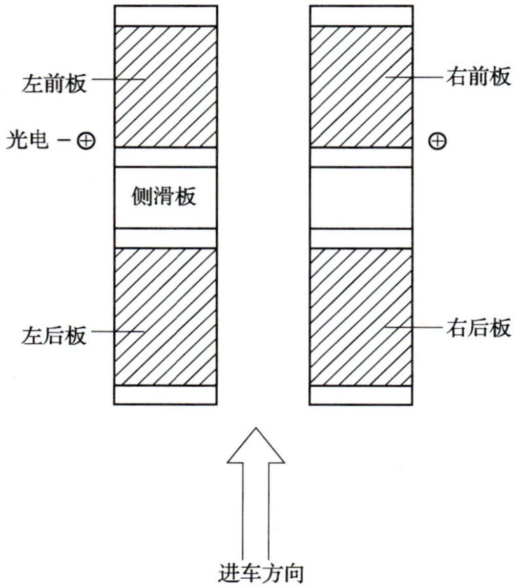

图 2-2-2　检测流程图

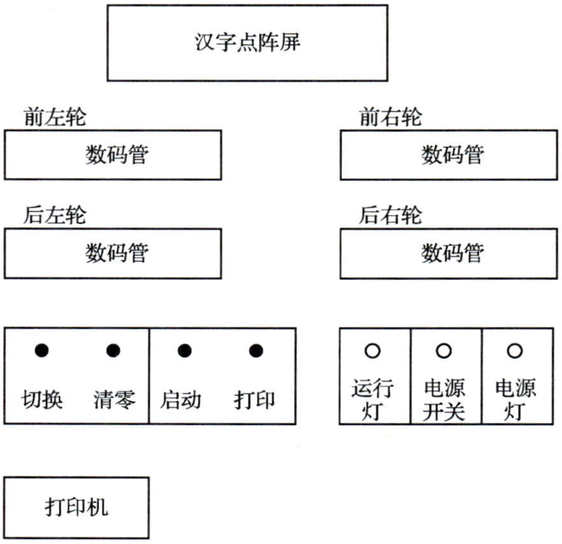

图 2-2-3　制动线检测仪显示屏

- **切换**：在手动时它可使仪器在“制动”“轴重”“侧滑”三种工况下进行切换，在标定状态时可在“制动”“轴重”“侧滑”三种标定状态下进行切换。
- **清零**：清除仪器因传感器漂移而产生的零位误差。进入标定状态时，记住要按下“清零”键后才可进行调试操作。
- **启动**：进入自动检测。
- **打印**：在全自动方式下，一次全自动检测完毕后将检测结果通过打印机打印出来（有打印机时才有效）。在开机前按住此键可进入标定状态。

四、实施检测作业

使用平板式检测线（TLPB-3B）对汽车进行性能检测，完成任务二的检测工作，如表 2-2-7 所示。

表 2-2-7　汽车制动、侧滑、平衡、转向检测作业

<table>
<tr><td colspan="5">张先生的一辆宝来 1.6 轿车在紧急制动时出现向右跑偏的现象，平时开车时也觉得方向盘左转很沉重，进入维修厂进行检测</td></tr>
<tr><td colspan="2" rowspan="2">1. 车辆故障现象的描述及检验确认</td><td>故障描述</td><td colspan="2">紧急制动时向右跑偏，平时开车时方向盘左转很沉重</td></tr>
<tr><td>检验确认</td><td colspan="2">使用平板式检测线（TLPB-3B）进行检验确认</td></tr>
<tr><td rowspan="8">2. 汽车制动、侧滑、平衡、转向检测</td><td>检测项目</td><td>作业要领</td><td>技术标准</td><td>检查记录</td></tr>
<tr><td>侧滑量</td><td></td><td>侧滑量应在±5 m/km</td><td></td></tr>
<tr><td>前轮左右制动力
后轮左右制动力</td><td></td><td>制动力总和与整车重量的百分比：空载应≥60%；满载应≥50%</td><td></td></tr>
<tr><td>前轮左右轴重
后轮左右轴重</td><td></td><td>轴制动力与轴载荷的百分比：前轴应≥60%</td><td></td></tr>
<tr><td>制动力平衡要求</td><td></td><td>左右轮制动力差与该轴左右轮中制动力大者之比：前轴应≤20%；后轴应≤24%</td><td></td></tr>
<tr><td>制动协调时间</td><td></td><td>汽车和无轨电车的单车制动协调时间不应大于 0.60 s；汽车列车的协调时间不应大于 0.80 s</td><td></td></tr>
<tr><td>驻车制动性能检验</td><td></td><td>进行制动力检测时车辆各轮的阻滞力均不得大于该轴荷的 5%</td><td></td></tr>
<tr><td>其他：驻车制动性能检验</td><td></td><td>车辆空载只乘坐一名驾驶员，驻车制动力的总和应小于该车在测试状态下整车质量的 20%；对总质量为整备质量 1.2 倍以下的汽车，此值不应小于 15%</td><td></td></tr>
<tr><td colspan="2">检查与维护结论</td><td colspan="3"></td></tr>
</table>

五、检验与评估

任务二完成情况的检验评估表如表 2-2-8 所示。

表 2-2-8　任务二的检验与评估

<table>
<tr><th colspan="2">评价指标</th><th colspan="2">检验说明</th><th colspan="2">检验记录</th></tr>
<tr><td colspan="2">维护检查项目</td><td colspan="2"></td><td colspan="2"></td></tr>
<tr><td colspan="2">车辆运行情况</td><td colspan="4"></td></tr>
<tr><td>评价内容</td><td>检验指标</td><td>权重</td><td>自评</td><td>互评</td><td>总评</td></tr>
<tr><td rowspan="3">检查任务完成情况</td><td>1．完成任务过程情况</td><td rowspan="3"></td><td rowspan="3"></td><td rowspan="3"></td><td rowspan="9"></td></tr>
<tr><td>2．任务完成质量</td></tr>
<tr><td>3．在小组完成任务过程中所起作用</td></tr>
<tr><td rowspan="3">专业知识</td><td>1．能描述汽车制动跑偏、侧滑的原因</td><td rowspan="3"></td><td rowspan="3"></td><td rowspan="3"></td></tr>
<tr><td>2．能利用汽车检测线对汽车制动、侧滑、平衡、转向进行检测</td></tr>
<tr><td>3．能描述汽车检测线的使用注意事项</td></tr>
<tr><td rowspan="3">职业素养</td><td>1．学习态度：积极主动参与学习</td><td rowspan="3"></td><td rowspan="3"></td><td rowspan="3"></td></tr>
<tr><td>2．团队合作：与小组成员一起分工合作，不影响学习进度</td></tr>
<tr><td>3．现场管理：服从工位安排，执行实训室“5S”管理规定</td></tr>
<tr><td>综合评议与建议</td><td colspan="5"></td></tr>
</table>

六、项目拓展

滚动式检测线（K-401）的介绍

K-401 集中式汽车检测线用于检测与车辆主动安全相关的性能：制动性能、悬挂性能和操纵稳定性，基本配置包括汽车制动台、悬挂台、轴重台和侧滑台。它由工控机加以控制，采用人性化的图形界面，操作简便。

（一）额定使用条件

温度：0～40℃；

相对湿度：20%～80%；

电源电压：AC 380 V，误差≤±10%；

电源频率：50 Hz，误差≤±2%。

（二）主要功能

- 检测：对车辆的侧滑、轴重、悬挂、制动等进行测试。
- 车辆登录：提供车辆信息输入界面，保存检测车辆的基本信息；读取已存车辆信息。

- **历史查询：**浏览检测数据、数据曲线；打印检测报表、曲线图。
- **系统配置：**配置检测设备的信息、数据库信息。
- **设置标定：**提供设备标定功能。
- **调试工具：**提供故障诊断的辅助工具。

（三）结构组成

K-401 集中式汽车检测线主要由控制柜、侧滑测试台、悬挂测试台和制动测试台组成，结构如图 2-2-4 所示。

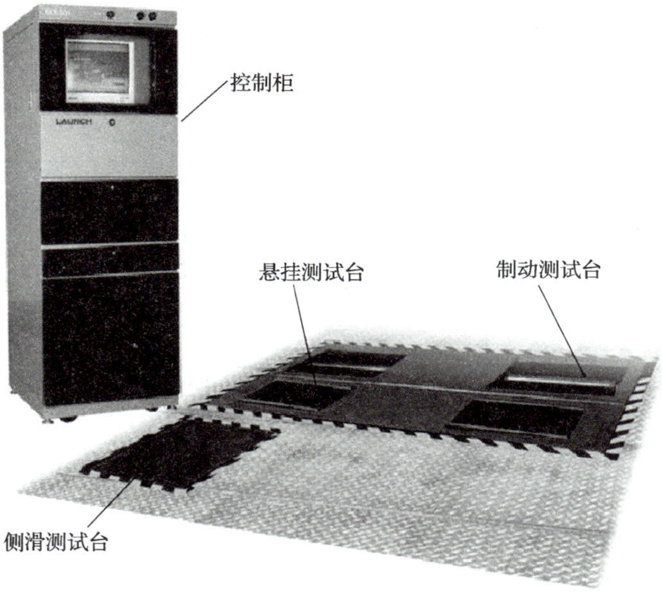

图 2-2-4　K-401 集中式汽车检测线结构图

1．侧滑测试台

为保证汽车转向轮无横向滑移地直线行驶，前轮的前束必须将车轮因外倾而引起的滚动现象抵消，同时左右轮主销后倾角也必须相等，以防止跑偏。侧滑测试台就是对前轮定位角进行综合检测的仪器。通过测试车轮行驶规定距离（一般在 0.5～1 m 之间）的侧向滑移量来间接判断上述定位角配合是否适当。当侧滑量超过国家规定的±5 m/km 上限时，就要进行四轮定位检测找出侧滑超标的原因并予以校正。侧滑测试台技术参数如表 2-2-9 所示。

表 2-2-9　侧滑测试台技术参数

型号	KCH-3
测量范围	±10 m/km
滑板尺寸	580 mm×427 mm
外形尺寸	1 050 mm×550 mm×50 mm
设备重量	45 kg

2. 悬挂测试台

汽车悬挂系统是保证汽车行驶平顺性和稳定性的重要装置。悬挂系统的减振器如果失灵，将会使车轮丧失足够的接地力而使汽车的行驶转向性能恶化，从而直接危及汽车的安全性。悬挂测试台技术参数如表 2-2-10 所示。

表 2-2-10　汽车悬挂测试台技术参数

型号	XX-150
最大轴荷	1 500 kg
测试宽度	80～2 100 mm
电机转速	920 r/min
噪声	<70 dB
电机功率	1.5 kW
电源电压	380 V±10%，50 Hz±2%；
外形尺寸	2 390 mm×800 mm×375 mm
重量	450 kg

3. 制动测试台

制动性能是重要的汽车安全指标，制动力不足、制动距离过长、左右制动力差值过大是导致交通事故的重要因素。KFZ-3 制动台采用滚筒式，其测试稳定性及重复性较好，适合室内试验，更可测出最大制动力（但需有足够轴荷予以配合）。KFZ-3 制动台滚筒为粘砂表面，附着系数可达 0.8，并且设有第三滚筒，可在制动滑移时准确测定车速，以保证在滑移率达到 30%时及时停车，以避免车胎损伤。制动测试台技术参数如表 2-2-11 所示。

表 2-2-11　汽车制动测试台技术参数

型号	KFZ-3
最大轴荷	3 000 kg
滚筒直径	ϕ200 mm

续表

型号	KFZ-3
滚筒长度	700 mm
测量轮距范围	900～2 100 mm
被测轮直径	≥440 mm
电机功率	2×3 kW
电源电压	380 V±10%，50 Hz±2%
外形尺寸	2 390 mm×660 mm×310 mm
设备重量	450 kg

项目三 汽车电气设备的检测

任务一 汽车蓄电池检测

任务导入	一辆捷达轿车，车辆蓄电池需要频繁充电，才能起动车辆，蓄电池亏电严重，进入维修厂进行维护
任务目标	了解蓄电池的型号和性能 了解蓄电池的日常维护 掌握蓄电池性能状况的检测方法，并能对常见故障进行诊断和排除
任务实施	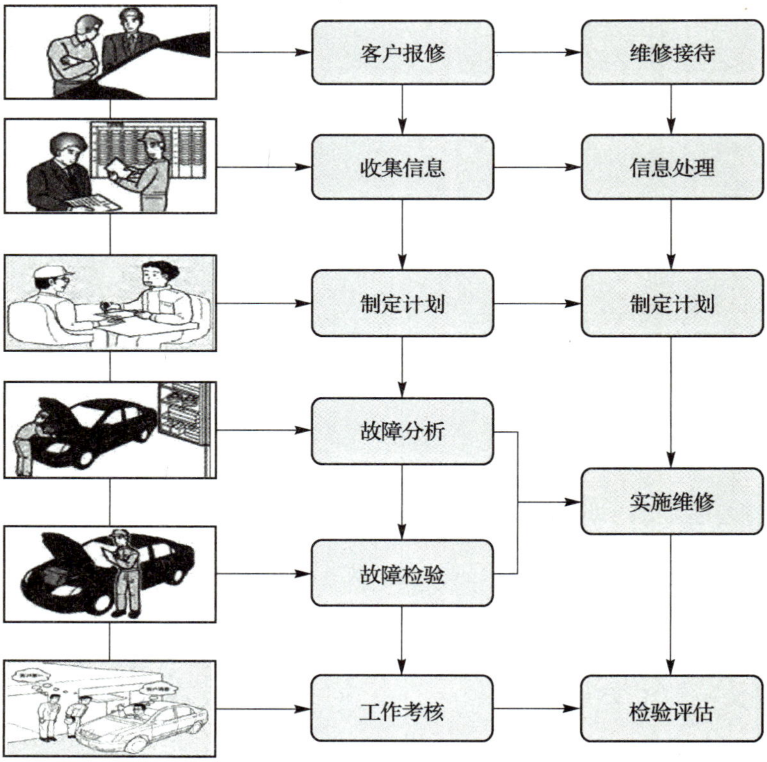

一、维修接待

按照表 3-1-1 进行任务一的维修接待，并准确填写接车问诊表。

表 3-1-1 维修接待与接车问诊表

1. 通过询问客户了解蓄电池使用情况，填写接车问诊表
2. 车间检测初步确认结果：需进行日常维护

接 车 问 诊 表

车牌号：______ 车架号：______ 行驶里程：______（km）

用户名：______ 电 话：______ 来店时间：___/___

用户陈述：车辆蓄电池需要频繁充电，才能起动车辆，蓄电池亏电严重

接车员检测确认建议：利用蓄电池测试仪、万用表、电解液比重计进行检测确认

车间检测确认结果及主要故障零部件：利用蓄电池测试仪、万用表、电解液比重计进行检测确认

车间检查确认者：

外观确认：

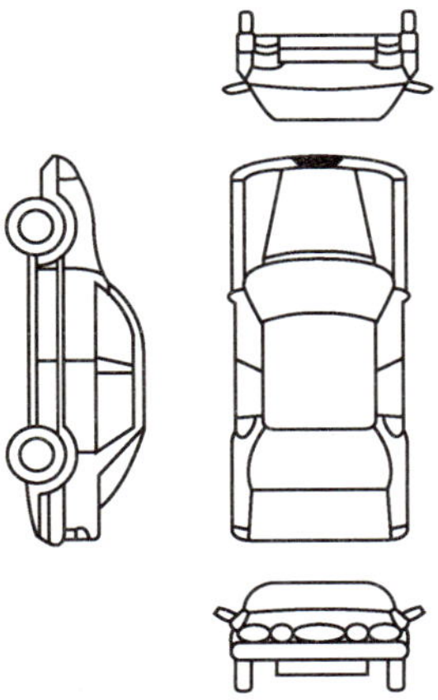

（请在有缺陷部位作标识）

功能确认：（工作正常√ 不正常×）

□音响系统 □门锁（防盗器）□全车灯光

□工具 □后视镜 □天窗 □座椅

□点烟器 □玻璃升降器 □玻璃

物品确认：（有√ 无×）

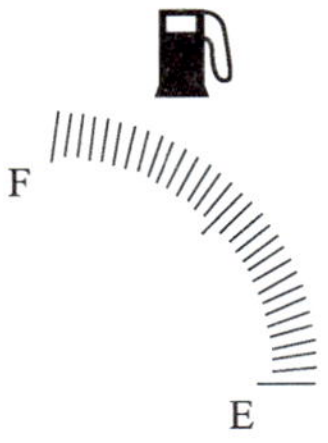

贵重物品提示

□工具 □备胎

□灭火器

□其他（ ）

旧件是否交还用户

□是 □否

用户是否需要洗车

□是 □否

• 检测费说明：本次检测的故障如用户在本店维修，检测费包含在修理费用内；如用户不在本店维修，请您支付检测费。本次检测费：¥______元

• 贵重物品：在将车辆交给我店检查修理前，已提示将车内贵重物品自行收起并保存好，如有遗失恕不负责

接车员：______ 用户确认：______

二、信息收集与处理

（一）蓄电池的基本概念

1. 汽车对蓄电池的要求

当起动发动机时，蓄电池在短时间（5～10 s）内，需要向起动机连续供给强大的电流。汽油发动机一般需要200～600 A的电流，柴油发动机需要800～1 000 A的电流。这就要求蓄电池容量大、内阻小以保证汽车的起动能力，同时，还要求蓄电池的成本低可广泛应用。目前只有铅酸蓄电池能够满足这些要求。

2. 蓄电池的结构

蓄电池的结构如图3-1-1所示。

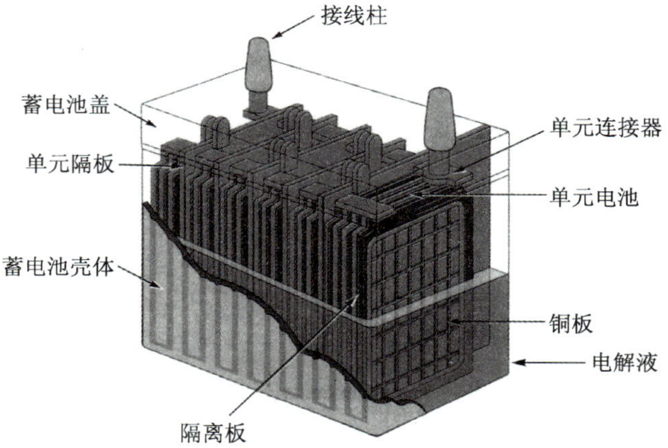

图3-1-1　蓄电池的结构

3. 电解液

电解液由纯硫酸与蒸馏水按一定比例配制而成，如图3-1-2所示。电解液的纯度是影响蓄电池电气性能和使用寿命的重要因素。工业用硫酸（含铜、铁较高）和普通用水（含杂质较多）会加速自放电而不能用于蓄电池。

4. 蓄电池的型号

按机械行业标准JB/T 2599—2012《铅酸蓄电池名称、型号编制与命名办法》的规定，铅蓄电池号由三部分组成，各部分之间用小短线分开，其内容及排列如下。

串联单格电池数-蓄电池类型与特征-额定容量

- **串联单格电池数：** 指该电池总成所包含的单格电池数目，用一位阿拉伯数字表示。
- **电池类型：** 根据其主要用途划分，用一个汉语拼音字母表示，如起动型铅蓄电池用“Q”表示，代号Q是汉字“起”的第一个拼音字母。

- **电池特征**：为附加部分，用一个汉语拼音字母表示，仅在同类用途的产品具有某种特征，而在型号中又必须加以区别时采用。当产品同时具有两种特征时，应按表 3-1-2 的顺序将两个代号并列标出。
- **额定容量**：20 h 放电率时的额定容量，用阿拉伯数字表示，单位为 A • h。有时在额定容量后面用一个字母表示特殊性能，如“G”表示高起动率，“S”表示塑料外壳，“D”表示低温起动性好。

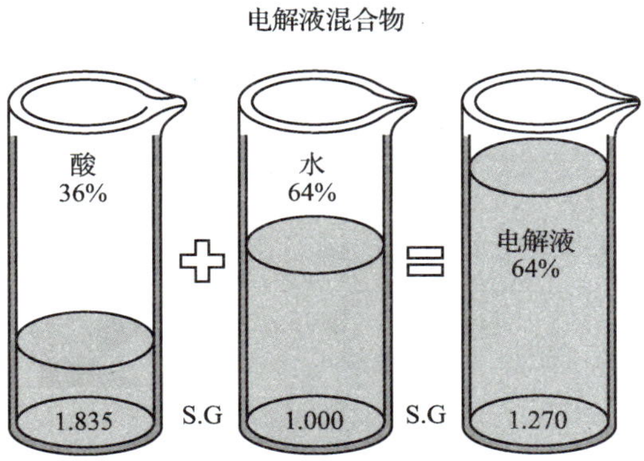

图 3-1-2　电解液的组成

表 3-1-2　常见电池产品特征代号

序号	1	2	3	4	5	6	7
产品	干荷电	湿荷电	免维护	少维护	激活式	密闭式	胶质电解液
代号	A	H	W	S	I	M	J

例如，夏利 TJ7100 型轿车用 6-QA-40S 型蓄电池：由 6 个单格电池组成，额定电压为 12 V，额定容量为 40 A • h 的起动用干荷电铅蓄电池，采用了塑料外壳。

（二）蓄电池的日常维护

在维护蓄电池之前，请认真阅读以下注意事项。

① 拆卸时应做到先拆蓄电池负极，而安装时则先装蓄电池正极，如图 3-1-3 所示。

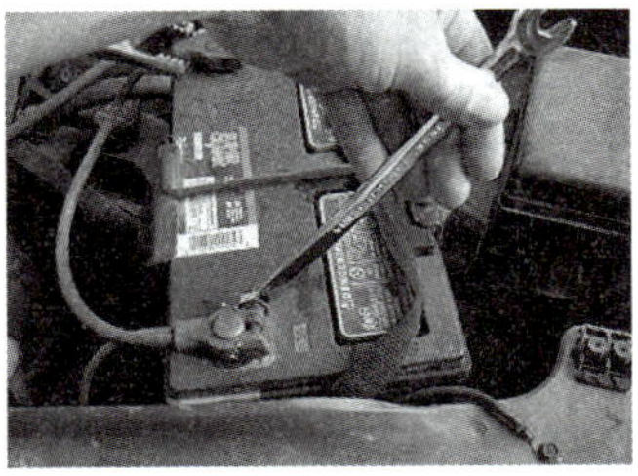

图 3-1-3　拆卸蓄电池

② 在清洗蓄电池时可能对环境造成非常严重的污染，应该在容器内进行，清洗后妥善处理污水，如图 3-1-4 所示。作业时注意佩戴护目镜及防酸手套。

图 3-1-4　清洁蓄电池

③ 在维修作业前，应注意收集防盗密码及相关电气系统设定方法，如无法得到密码或设定方法，应为车辆提供备用电源。

根据蓄电池产生故障的原因和实践经验，在蓄电池使用中应注意“三抓”和“五防”。

1．三抓

（1）抓及时、正确充电

① 放完电的蓄电池应在 24 h 内进行充电。蓄电池的充电指示器如图 3-1-5 所示。

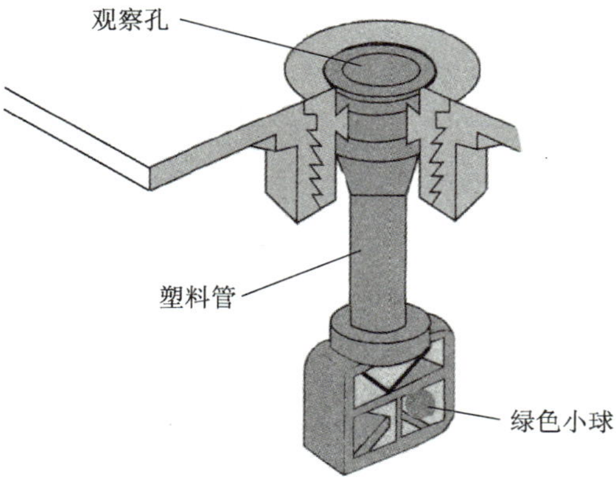

图 3-1-5　充电指示器示意图

② 在汽车上使用时，每隔二至三个月进行一次补充充电。蓄电池放电程度冬季不得超过 25%，夏季不得超过 50%。

③ 带电解液存放时，两个月进行一次补充充电。

④ 在冬季时应保持蓄电池是充足电状态，以防电解液结冰。电解液密度与冻结温度的关系如表 3-1-3 所示。

表 3-1-3 电解液密度与冻结温度的关系

电解液密度（g/cm^3）	冻结温度（℃）
1.10	-7
1.15	-14
1.20	-25
1.25	-50
1.30	-60
1.31	-70

（2）抓正确使用

① 不连续使用起动机，每次起动时间不得超过 5 s，每次起动间隔 15 s 以上。若连续起动 3 次都无法正常起动，应排除故障后再进行起动。

② 冬季起动发动机时，应对车辆进行预热，以减小起动阻力和起动电流，减少蓄电池的电力亏损。

③ 安装、搬运蓄电池时应轻搬轻放，切不可随便敲打或在地上拖拽，车上的蓄电池应固定牢固，防止行驶中造成损伤。

（3）抓清洁保养

① 应保持蓄电池表面清洁，经常清除表面的污物及灰尘。

② 当蓄电池极柱或通气孔泄漏电解液时，应及时清除并检查极柱是否接虚或发电量过高。

③ 保持通气孔畅通和清洁。

2. 五防

① 防止过充或充电电流过大；

② 防止过度放电；

③ 防止电解液液面过低；

④ 防止电解液密度过高；

⑤ 防止电解液混入杂质。

（三）收集汽车蓄电池检测信息

将汽车蓄电池检测信息填入表 3-1-4 中。

表 3-1-4 汽车蓄电池检测信息

可维护蓄电池

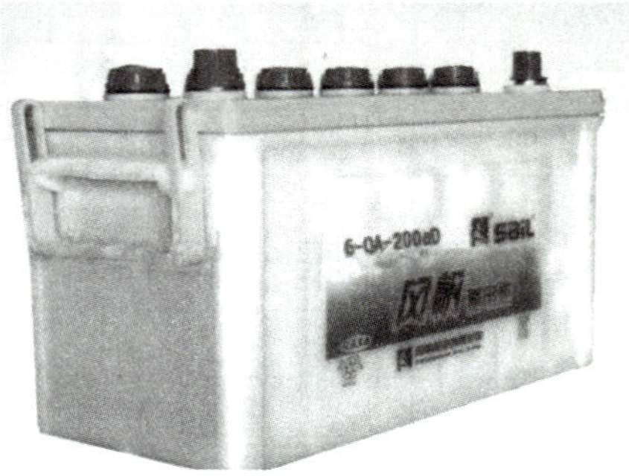

免维护蓄电池

蓄电池检测仪

数字万用表

比重计

	主要元部件	主要特征
蓄电池		

1．汽车蓄电池的功能主要有____________、__________、__________、__________等

2．列举典型汽车蓄电池的类型

3．汽车蓄电池日常维护保养范围有哪些：______________________________

4．汽车蓄电池由哪些部件组成：____________________________________

三、制定检测计划

（一）蓄电池电压测量

免维护蓄电池，可以用开路电压检测取代比重计检测。当蓄电池充电或放电时，蓄电池的电压会略有变化，因此，蓄电池在无负载时的电压可以反映其充电状况。

检测蓄电池的开路电压时，蓄电池的温度应在 15.5～37.7℃之间。在无负载情况下，蓄电池的电压需要稳定至少 10 min。对于需要蓄电池不间断供电维持计算机控制装置、钟表和附属设备等较大的汽车，测量蓄电池的开路电压时必须拆开蓄电池的搭铁电缆。对于刚充完电的蓄电池，应接通大负载 15 s，以消除虚电压，并使其达到稳定状态。当电压稳定后，用电压表测量蓄电池的电压，读数应精确到 0.1 V，如图 3-1-6 所示。

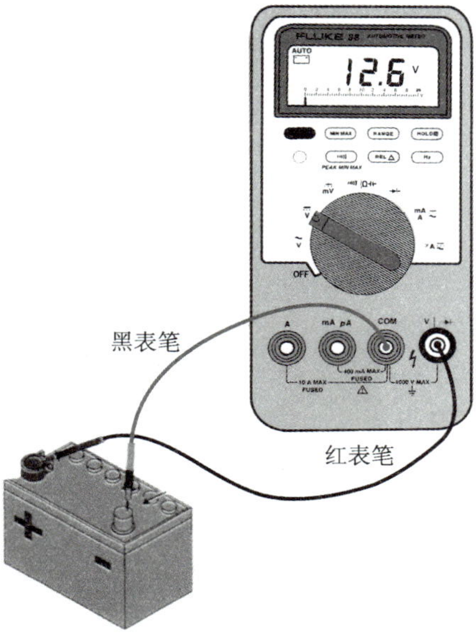

图 3-1-6 测量电压

蓄电池开路电压的微小变化可以反映出充电状态的显著变化，通过对照表判定检测结果，如表 3-1-5 所示。

表 3-1-5 蓄电池电压与充电状态对照表

蓄电池电压（V）	充电状态
≥12.6	100%
12.4～12.6	75%～100%
12.2～12.4	50%～75%
12 0～12.2	25%～50%
11.7～12.0	0%～25%
≤11.7	放电

电压测量只能检测蓄电池的充电情况，不能对其性能和容量进行判断。只有通过蓄电池负荷测试才能测试出蓄电池的断格、内阻增大等故障现象。

（二）比重计的使用

比重计的结构如图 3-1-7 所示。

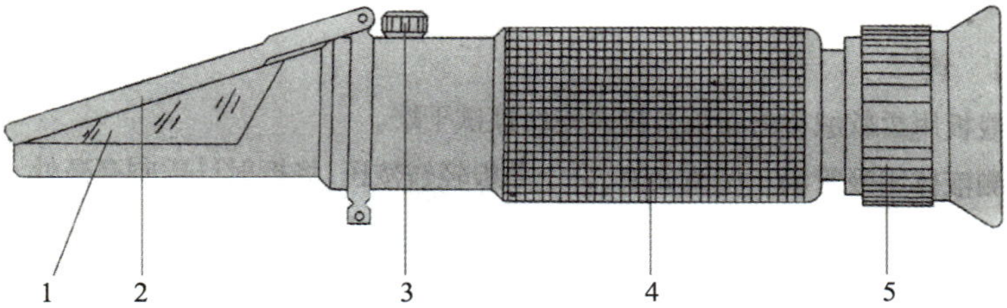

1—棱镜；2—盖板；3—校正钉；4—把套；5—目镜

图 3-1-7　比重计的结构

1．视场说明

中间标尺：ETHYLENE GLYCOL——乙二醇型防冻液冰点；

PROPYLENE GLYCOL——丙二醇型防冻液冰点。

左侧标尺：BATTERY FLUID——电池液比重；

RECHAGE——1.10～1.20 V，需充电；

FAIR——1.20～1.25 V，电量够用；

GOOD——1.25～1.30 V，电量充足。

右侧标尺：玻璃清洗剂冰点。

2．操作说明

① 掀起盖板用柔软绒布将盖板及棱镜表面擦拭干净；

② 将待测液体用吸管滴于棱镜表面，合上盖板轻轻按压，将折射计对向明亮处，旋转目镜使视场内刻度线清晰，读出明暗分界线在标示板上相应标尺的数值即可；

③ 测试完毕，用绒布擦净棱镜表面和盖板，清洗吸管，将仪器放还于包装盒内；

④ 在测量电池液时，注意不要洒在皮肤和眼睛上，以防烧伤，测试后仔细擦净仪器。

（三）蓄电池负荷检测

负荷检测可以确定各种类型的密封式和非密封式蓄电池在负荷时性能的好坏，即确定蓄电池提供起动电流和维持足够点火系统工作电压的能力。

检测蓄电池的负荷时，可以将蓄电池装在汽车上进行，也可以将其从汽车上拆下后进行。检测时，蓄电池必须处于完全充电或接近完全充电状态下，为了取得最好的检测结果，电解液的温度尽可能接近 26.7℃。对密封式蓄电池，如果电解液温度低于 15.5℃，则不能进行负荷检测。

1．蓄电池检测仪的连接

蓄电池负荷检测需要使用带有碳极的蓄电池检测仪，其电路连接如图 3-1-8 所示。

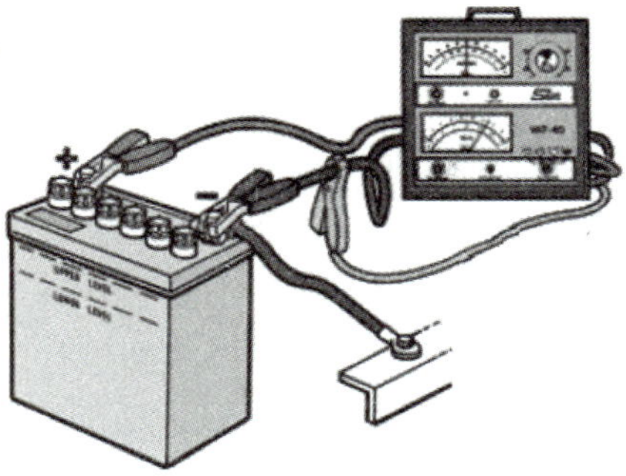

图 3-1-8 蓄电池检测仪的电路连接图

接线极柱在蓄电池侧面，与蓄电池连接困难，需要将制造商提供的转接器安装在极柱上。如果没有合适的转接器，可用带有螺母的粗牙螺栓代替。将螺栓拧到底，再向回退一圈，然后将螺母拧紧，最后将导线连到螺母上。

2. 负载检测的步骤

① 必须使感应夹环绕在检测仪负极电缆周围。

② 极性要连接正确，确认检测导线与蓄电池极柱接触良好。

③ 旋转负载控制旋钮（如果检测仪设有的话），使蓄电池的放电电流达到额定电流的 3 倍或者 CCA 额定电流的 1.5 倍。

④ 维持负载 15 s，并观察检测仪上的电压表。

⑤ 放电 15 s 后拆开负载。

⑥ 在 21℃以上或用检测仪进行温度补偿后，蓄电池放电 15 s 时的电压不应低于 9.6 V。如果蓄电池检测仪没有温度补偿功能，则按照表 3-1-6 来确定相应温度下的最低电压。

表 3-1-6 蓄电池温度与最低检测电压对照表

蓄电池温度	最低检测电压
21℃（70°F）	9.6 V
15.5℃（60°F）	9.5 V
10℃（50°F）	9.4 V
4.4℃（40°F）	9.3 V
-1℃（30°F）	9.1 V
-6℃（20°F）	8.9 V
-12.2℃（10°F）	8.7 V
-17.8℃（0°F）	8.5 V

3. 结果判定

电压读数超过规定值 1 V 或者更多，表明蓄电池的容量及低温起动性能良好；电压读数等于规定值，表明蓄电池容量下降及低温起动性能差；如果蓄电池此时处于 75%的充电状态，且电压略低于负载规定值，表明蓄电池可能处于良好状态。

若电压读数低于温度修正后的最小值，而且去除负荷后电压回升到 12.4 V，说明蓄电池已损坏，有断格现象。这时需要重新对蓄电池充电并检测，如检测结果相同则更换蓄电池。若电压低于规定值，而且除去负载后电压也不能回升到 12.4 V，则可能是蓄电池处于较低的充电状态。这时要求对蓄电池重新充电，并重新进行负载检测。

4. 蓄电池静态放电检测

将电压表设置在直流低压挡，电压表负极表笔接在蓄电池负极接线柱，然后将电压表的正极表笔在蓄电池壳体顶面和侧面滑过。如果电压表显示电压，则表明蓄电池有漏电现象，应该清理蓄电池。如果清理后蓄电池仍有漏电现象，则表明蓄电池壳体渗漏严重或破裂，应该更换蓄电池。

蓄电池在短时间内没有使用就没电了，可能是由某一电气系统导致的电流泄漏问题。导致这类电流泄漏问题的常见原因是照明灯没有关闭，例如手套盒、行李箱或发动机舱内的照明灯没有关闭。

（四）蓄电池的充电

充电电源的种类繁多，在使用前需阅读使用说明书。下面以三星 QGB-1500XA 型充电电源为例进行说明，如图 3-1-9 所示。

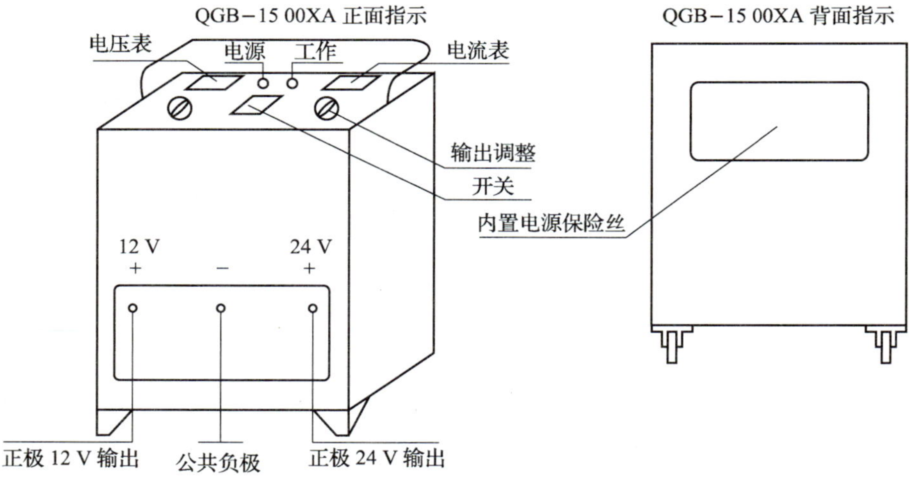

图 3-1-9　三星 QGB-1500XA 型充电电源示意图

1. 技术参数

输入电压：380 V（二相）；

输出电压：9～18 V，18～32 V；

汽车起动：12 V，24 V；

起动最大电流：12 V/1 500 A，24 V/1 200 A；

充电调整：12 V，24 V；

充电电流：0～80 A。

2．电源及电压的使用

QGB 系列输入电源使用 380 V（二相）。

QGB 系列的功率在 7 kW 以上，即要求输入电源线使用每相 4 mm^2 以上的铜芯线，电源线的长度可根据使用场地而定，但切勿太长，并且注意使用场地的安全性。

开关应使用 60 A 开关，保险丝应使用 30～60 A 保险丝，可根据所经常起动车辆电流做一定量的调整。

直流输出电源线要求 30 mm^2 以上的电缆软线，正负线不应超过 3 m。如需增长，应同时加大线径。

3．操作指南

在使用直流 12 V 输出时，应将输出正极接到标有 12 V 的接线柱上。

起动车辆时，应将机器与蓄电池并联。在起动 12 V 车辆时将空载电压调节到 14～16 V，起动 24 V 车辆将空载电压调节到 24～26 V。

在使用时输出开关应从低向高调节，注意不能将正负极相接，否则可能损坏机器。

四、实施检测作业

对蓄电池进行性能检测，完成任务一的检测作业，如表 3-1-7 所示。

表 3-1-7　蓄电池性能检测作业

<table>
<tr><td colspan="4">一辆捷达轿车，车辆蓄电池需要频繁充电，才能起动车辆，蓄电池亏电严重，送入维修厂进行维护</td></tr>
<tr><td colspan="2" rowspan="2">1．车辆信息描述</td><td>车辆描述</td><td></td></tr>
<tr><td>车辆蓄电池类型描述</td><td></td></tr>
<tr><td colspan="2">2．蓄电池日常维护描述</td><td colspan="2"></td></tr>
<tr><td rowspan="5">3.蓄电池的检测</td><td>检测项目</td><td colspan="2">检测方法</td></tr>
<tr><td>蓄电池电压测量</td><td colspan="2"></td></tr>
<tr><td>比重计的使用</td><td colspan="2"></td></tr>
<tr><td>蓄电池负荷检测</td><td colspan="2"></td></tr>
<tr><td>蓄电池的充电</td><td colspan="2"></td></tr>
<tr><td colspan="2">检查与维护结论</td><td colspan="2"></td></tr>
</table>

五、检验与评估

任务一完成情况的检验评估表如表 3-1-8 所示。

表 3-1-8 任务一的检验与评估

评价指标	检验说明		检验记录		
维护检查项目					
蓄电池运行情况					
评价内容	检验指标	权重	自评	互评	总评
检查任务完成情况	1. 完成任务过程情况				
	2. 任务完成质量				
	3. 在小组完成任务过程中所起作用				
专业知识	1. 能描述蓄电池的组成				
	2. 能描述蓄电池的应用情况				
	3. 能描述蓄电池的功能				
	4. 能描述蓄电池日常维护作业范围				
	5. 能描述蓄电池日常维护作业安全事项				
职业素养	1. 学习态度：积极主动参与学习				
	2. 团队合作：与小组成员一起分工合作，不影响学习进度				
	3. 现场管理：服从工位安排，执行实训室“5S”管理规定				
综合评议与建议					

六、项目拓展

蓄电池的工作原理

在充满电的蓄电池内，二氧化铅（过氧化物）正极板和负极板（纯铅）浸泡在电解液（硫酸溶液）中，正极板和负极板之间的电势差（电压）约为2.1 V，如图3-1-10所示。

（一）放电过程

正极板的二氧化铅（PbO_2）与电解液（H_2SO_4）中的硫酸根离子（SO_4^{2-}）结合，同时释放氧离子（O^{2-}），氧离子与电解液中的氢离子（H^+）结合形成水（H_2O）。负极板（Pb）也与电解液中的SO_4^{2-}结合形成硫酸铅（$PbSO_4$），如图 3-1-11 所示。

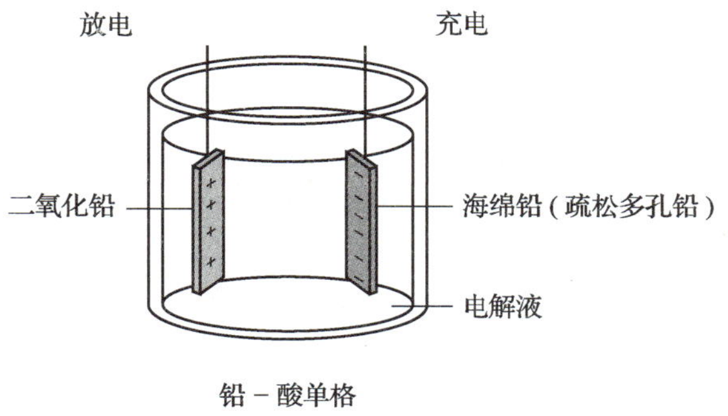

图 3-1-10　铅-酸单格电池原理图

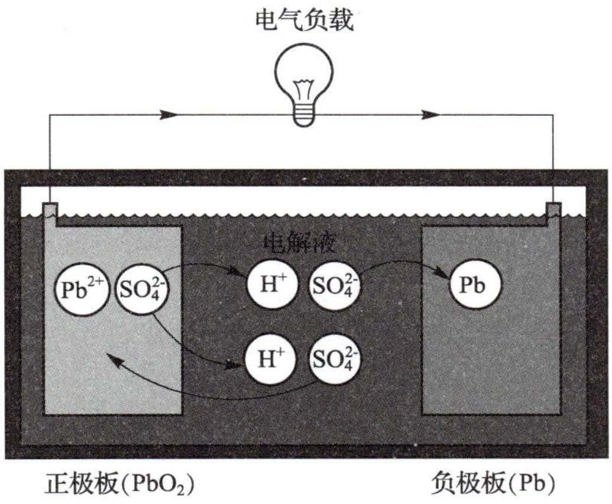

图 3-1-11　放电过程

（二）完全放电状态

蓄电池完全放电后，正极板和负极板都变成硫酸铅，电解液也变成水。通常，蓄电池不可能达到完全放电状态。但是，在蓄电池被放电后，极板和电解液都接近不活跃状态。由于放电后电解液里大部分都是水，因此处于完全放电状态的蓄电池会有结冰的危险。所以，不能对结冰的蓄电池进行充电和跨接启动。

（三）充电过程

充电期间，硫酸根离子从正极板和负极板中脱离返回到电解液中，变成标准强度的硫酸溶液。正极板还原为二氧化铅，负极板也还原为纯铅，电解液转变成硫酸，如图3-1-12所示。

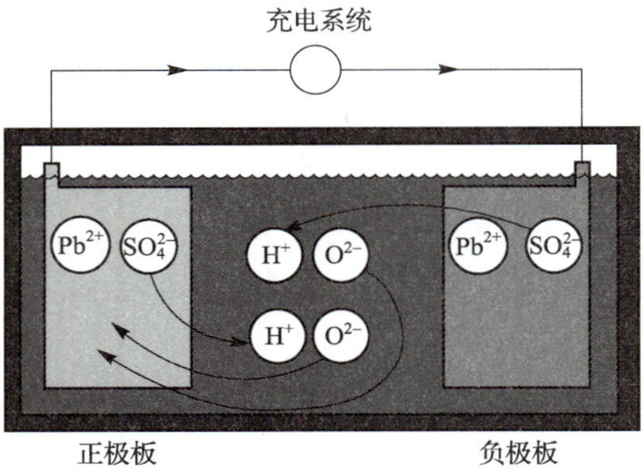

图 3-1-12 充电过程

（四）相对密度

电解液中硫酸含量是由电解液的相对密度决定的。相对密度是给定体积的某种液体与相同体积的水的质量之比。液体的浓度越高，相对密度就越大。纯水是这种度量法的基本参照，给定其在27℃时的相对密度为1.000。纯硫酸的相对密度为1.835。在27℃时，硫酸溶液（电解液，含水64%，含硫酸36%）合适的相对密度应该是1.260～1.280 g/cm^2。电解液的相对密度越大，充电就越充分，如图3-1-13所示。

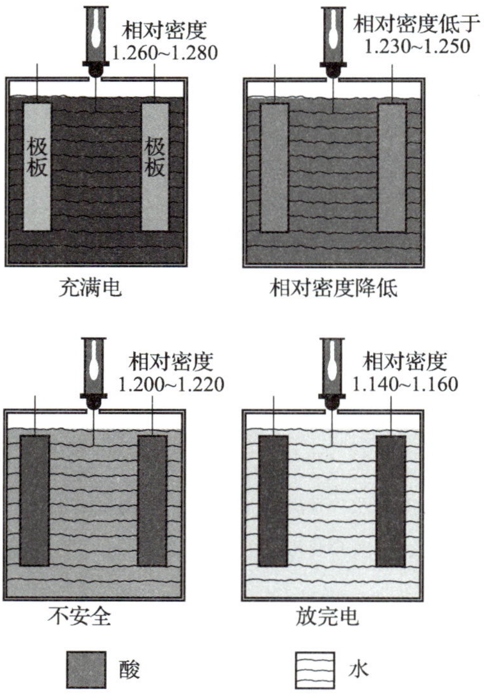

图 3-1-13 相对密度

任务二　汽车前照灯检测

任务导入	小王在夜晚行车时发现灯光很灰暗，有一种朦胧的感觉，他怀疑车辆的灯光有问题，送入维修厂进行维护
任务目标	了解汽车前照灯检测仪的种类及功能 掌握汽车前照灯检测仪的使用方法
任务实施	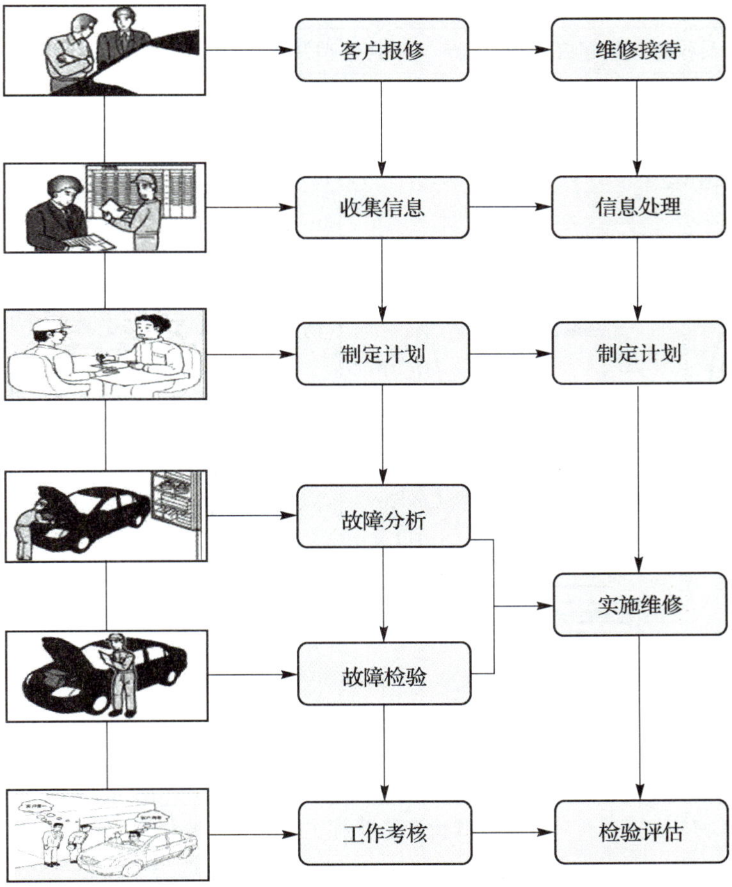

一、维修接待

按照表 3-2-1 进行任务二的维修接待，并准确填写接车问诊表。

表 3-2-1　维修接待与接车问诊表

1．通过询问客户了解车辆灯光的使用情况，填写接车问诊表

2．车间检测初步确认结果：需进行日常维护

接 车 问 诊 表

车牌号：______________　车架号：__________________　行驶里程：_______（km）

用户名：______________　电　话：__________________　来店时间：___/___

用户陈述：夜晚行车时灯光很灰暗，有一种朦胧的感觉

接车员检测确认建议：利用汽车车前照灯检测仪进行检测确认

车间检测确认结果及主要故障零部件：利用汽车车前照灯检测仪进行检测确认

车间检查确认者：

外观确认：	功能确认：（工作正常 √　不正常 ×）
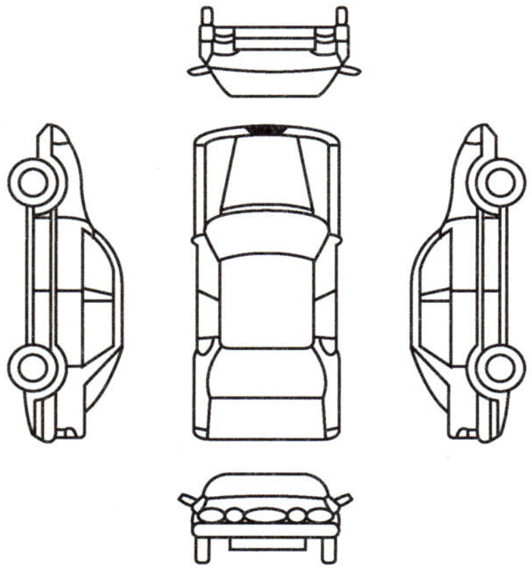 （请在有缺陷部位作标识）	□音响系统　□门锁（防盗器）　□全车灯光 □工具　□后视镜　□天窗　□座椅 □点烟器　□玻璃升降器　□玻璃 物品确认：（有 √　无 ×） 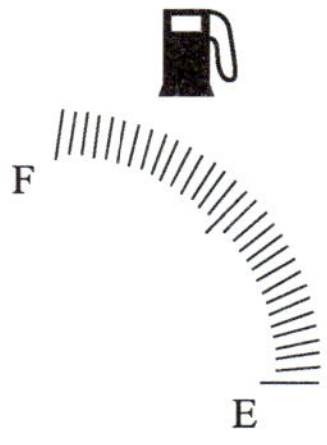 贵重物品提示 □工具　□备胎　□灭火器 □其他（　　　　　　） 旧件是否交还用户 □是　　□否 用户是否需要洗车 □是　　□否

• 检测费说明：本次检测的故障如用户在本店维修，检测费包含在修理费用内；如用户不在本店维修，请您支付检测费。本次检测费：¥________元

• 贵重物品：在将车辆交给我店检查修理前，已提示将车内贵重物品自行收起并保存好，如有遗失恕不负责

接车员：______________________________　用户确认：____________________________

二、信息收集与处理

（一）概述

1. 汽车前照灯的发展史

汽车前照灯的发展史如表 3-2-2 所示。

表 3-2-2　前照灯的发展史

阶段	功能	应用
第一阶段	乙炔气前照灯	前照灯具有高的轮廓亮度，乙炔气火焰的亮度比当时的电光源所能达到的亮度高出一倍，因而，在 1925 年以前使用的汽车前照灯几乎全是乙炔前照灯
第二阶段	电光源前照灯	1913 年带螺旋灯丝的充气白炽灯泡问世，因其具有较高亮度，给电光源前照灯开辟了广阔的前景。然而由于当时汽车电气设备系统的制约，直到 1925 年，电气照明才得到广泛的应用
第三阶段	双光灯芯前照灯	双光灯芯前照灯出现是为解决汽车会车时因前照灯的强光造成驾驶员炫目而导致发生的交通事故和撞车的严重问题。但它也没有完全解决汽车车灯的配光问题。汽车会车时的这种炫目问题，依然是汽车照明技术中最难以解决的问题
第四阶段	不对称近光前照灯	双光灯芯前照灯系统属于对称近光系统，为解决在会车过程中，前照灯既不产生炫目，又能保证对道路具有良好的照明，1932 年美国发明了不对称前照灯，它是以基准轴为中心，将光束一分为二，靠近来车一侧的落地距离短（即光束压低，从而防炫），而另一侧光束的落地距离长（即光束抬高，从而增加视见）
第五阶段	卤钨前照灯	第一批装有卤钨灯泡的汽车前照灯是由法国“斯贝”公司在 1964 年生产的，其灯丝允许工作温度较普通白炽灯泡高，光效增加约 50%，寿命也增加一倍。此后汽车的生产前大灯照明也多采用了卤钨灯泡
第六阶段	充氙气灯泡	氙气灯，灯泡内部填充优质的惰性气体氙气，并选择高品质的钨丝和优质的石英玻璃管，使灯泡的使用寿命和亮度发挥到极致。亮度达到 3 200 流明以上。此类灯泡因没有改变原车灯泡的外形尺寸，所以不会产生聚焦不准的问题。这样的灯泡聚光效果非常好，而且 K 值在 4 300 K 以上，色泽柔和、灯光白亮，最适合汽车升级照明

2. 汽车前照灯存在的隐患

汽车前照灯在长期使用过程中，由于灯泡的逐渐老化，外部环境的污染，可能使前照灯的发光强度降低。汽车在行驶中受到振动，又可能引起前照灯正常安装位置的改变，从而改变其正确的照射方向。

为保证行车安全，必须保证前照灯的发光强度和照射方向符合要求。因此，对前照灯进行定期检查校验是十分必要的。

3. 前照灯检测仪安全使用描述

① 检测仪的底座一定要保持水平；

② 检测仪不要受外来光线的影响；

③ 必须在汽车保持空载并乘坐 1 名驾驶员的状态下检测；

④ 汽车有四只前照灯时，一定要把辅助照明灯遮住后再进行测量；

⑤ 开启前照灯照射受光器，一定要在光电池灵敏度稳定后再进行检测；

⑥ 不用仪器时，要用罩子把受光器盖好。

（二）前照灯的结构及检测仪功能描述

1. 前照灯结构

汽车前照灯的结构如图 3-2-1 所示。

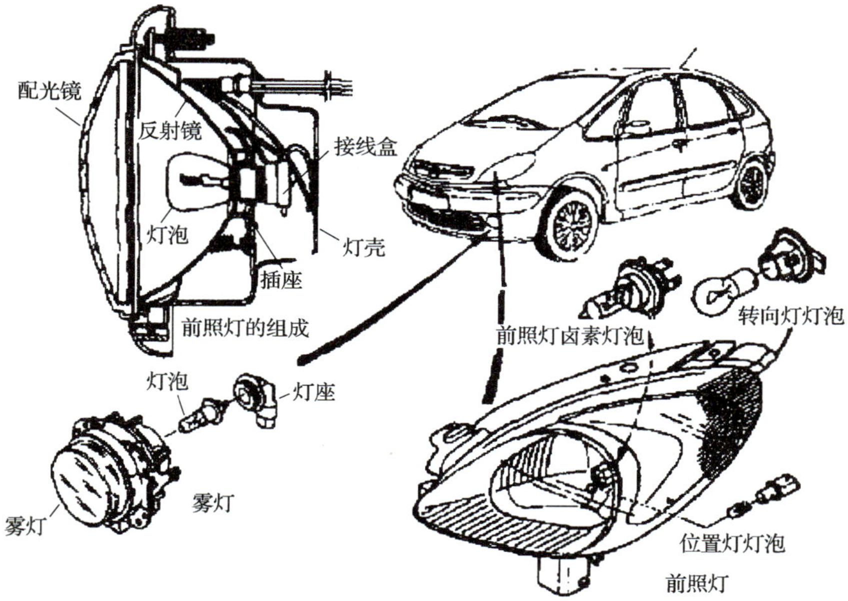

图 3-2-1　汽车前照灯的结构

2. 前照灯检测仪功能描述

（1）聚光式前照灯检测仪

聚光式前照灯检测仪是在 1 m 的测量距离内，用受光器的聚光透镜把前照灯的散射光束聚合起来，根据其对光电池的照射强度来检验前照灯的发光强度和光轴偏斜量的，如图 3-2-2 所示。

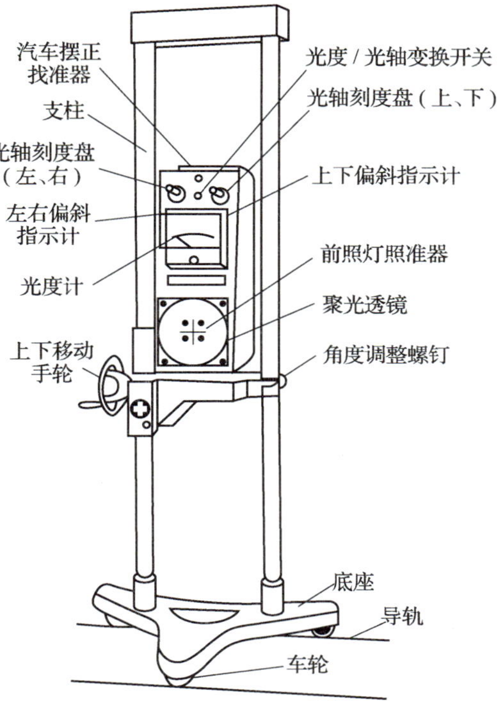

图 3-2-2　聚光式前照灯检测仪

（2）屏幕式前照灯检测仪

屏幕式前照灯检测仪在固定的屏幕上装有可以左右移动的活动屏幕，活动屏幕上装有能上下移动的内部带光电池的受光器，如图 3-2-3 所示。检验时，移动受光器和活动屏幕，使光度计的指示值（发光强度值）最大，该位置即为主光轴照射位置，从装在屏幕上的两个光轴度尺即可读得光轴偏斜量。

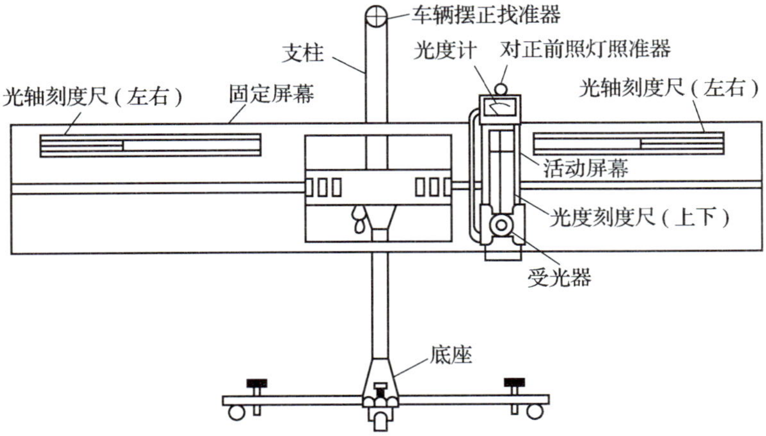

图 3-2-3　屏幕式前照灯检测仪

（3）投影式前照灯检测仪

投影式前照灯检测仪在聚光透镜的上下和左右方向装有四个光电池，如图 3-2-4 所示。前照灯光束的影像通过聚光透镜、光度计的光电池和反射镜后，映射到投影屏上。

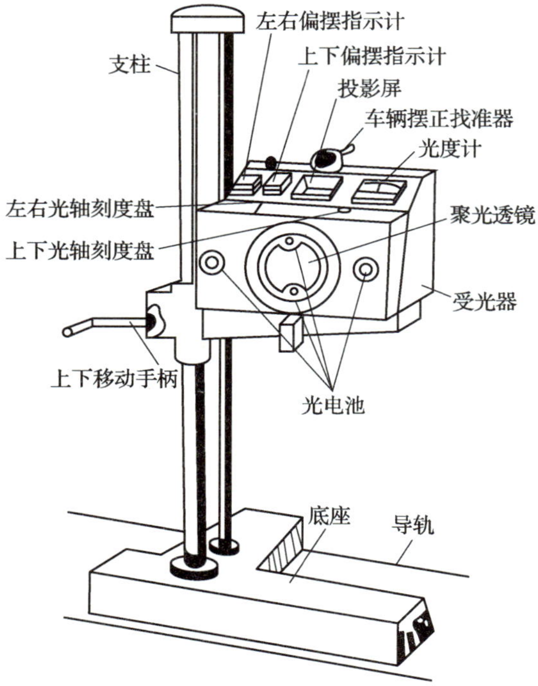

图 3-2-4　投影式前照灯检测仪

在检测时，通过上下和左右移动受光器使光轴偏斜指示计的指针指向零位，即上下与左右光电池的受光量相等，从而找到被测前照灯主光轴的方向。然后根据投影屏上前照灯光束影像的位置，即可得出主光轴的偏斜量；同时可从光度计的指示值得出发光强度。

（4）自动追踪光轴式前照灯检测仪

自动追踪光轴式前照灯检测仪采用受光器自动追踪光轴的方法检测发光强度和光轴偏斜量，在受光器聚光透镜的上下与左右装有四个光电池，受光器内部也装有四个光电池，分别构成主、副受光器，透镜后中央部位装有中央光电池，如图 3-2-5 所示。

检测时，将检测仪放在前照灯前方 3 m 的检测距离处。当前照灯光束照射到受光器上时，若前照灯光束照射方向偏斜，则主、副受光器上下或左右光电池的受光量不等，它们分别产生的电流失去平衡，由其电流差值控制的电动机运转，并通过钢丝绳牵动受光器上下移动或驱动控制箱在轨道上左右移动，直至受光器上下、左右光电池受光量相等为止。这就是自动追踪光轴的工作原理。追踪时受光器的位移由光轴偏斜指示计指示，发光强度由光度计指示。

自动追踪光轴式前照灯检测仪的检测方法比较简单、方便，其检测的自动化程度和检测效率高，也便于和其他检测设备联成汽车全自动检测线。

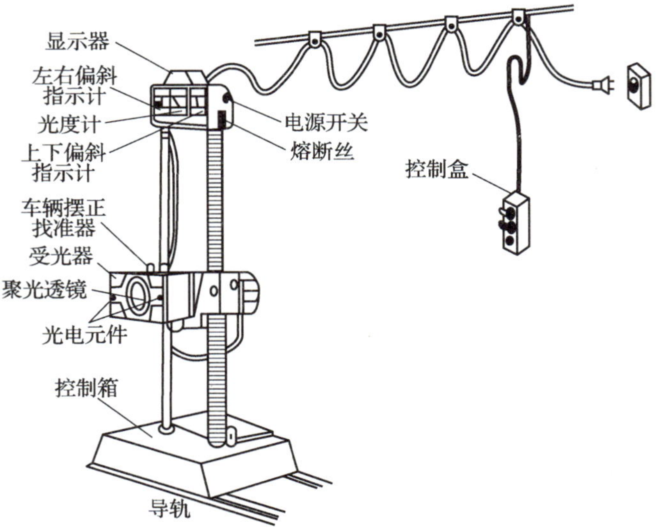

图 3-2-5　自动追踪光轴式前照灯检测仪

（三）收集汽车前照灯检测信息

将汽车前照灯检测信息填入表 3-2-3 中。

表 3-2-3　汽车前照灯检测信息

前照灯检测仪

前照灯

1．前照灯检测仪主要有__________、__________、__________、__________等几种

2．说明前照灯的分类，并列举出应用的汽车

3．汽车灯光使用注意事项有哪些：______________________________

三、制定检测计划

（一）前照灯的检测项目

1. 发光强度

发光强度是光线在给定方向上发光强弱的度量，其单位为坎德拉，用符号 cd 表示。按国际标准单位 SI 的规定，若一光源在给定方向上发出频率 540×1 012 Hz 的单色辐射，且在此方向上的辐射强度为每球面度 1/683 W 时，则此光源在该方向上的发光强度为 1 cd。

2. 光束照射方位的偏移值

如果把前照灯最亮的地方看作是光束的中心，则它对水平、垂直坐标轴交点的偏离即表示它的照射方位的偏移，其偏移的尺寸就是光束照射方位的偏移值，亦称光轴的偏斜量。

（二）前照灯的检测

1. 检测仪的准备

① 在前照灯检测仪不受光的情况下，调整前照灯检测仪光度计和光轴偏斜指示计指针的机械零点。

② 检查聚光透镜和反射镜的镜面上有无污物。若有，用柔软的布或镜头纸擦拭干净。

③ 检查水准器的技术状况。若水准器无气泡，应进行修理；若气泡不在红线框内，可用水准器调节或垫片进行调整。

④ 检查导轨是否沾有泥土等杂物。若有，应扫除干净。

2. 被测车辆的准备

① 清除前照灯上的污垢。

② 轮胎气压应符合汽车制造厂的规定。

③ 汽车蓄电池应处于充足电状态。

3. 聚光式前照灯检测仪检测

① 被检汽车驶进规定距离，且与检测仪导轨垂直。

② 用车辆找准器使检测仪与汽车对正。

③ 打开前照灯，用前照灯找准器使检测仪与前照灯对正。

④ 将光度、光轴转换开关扳向光轴侧。

⑤ 转动光轴刻度盘，使光轴偏斜指示计指零，此时光轴刻度盘上的指示值即为光轴偏斜量。

⑥ 光轴刻度盘不动，将光度、光轴转换开关拨向光度侧，此时光度计的指示值即为前照灯的发光强度值。

4. 屏幕式前照灯检测仪

① 被测车辆驶近检测仪，且距检测仪 3 m，方向垂直于检测仪导轨。

② 用车辆找准器使检测仪与汽车对正。

③ 打开前照灯，用前照灯找准器使检测仪与前照灯对正，其方法为固定屏幕调整到和前照灯同样高度，使受光器与前照灯中心重合。

④ 使左右光轴刻度尺的零点与活动屏幕上的基准指针对正。

⑤ 将受光器上下、左右移动，使光度计指示达到最大值，此时受光器上基准指针所指活动屏幕的上下刻度值和活动屏幕上基准指针所指固定屏幕左右刻度值即为光轴的偏斜量。

⑥ 光度计上的指示值即为前照灯发光强度值。

5. 投影式前照灯检测仪检测

① 将被测车沿与导轨垂直的方向驶近检测仪，使前照灯与检测仪受光器相距 3 m。

② 用汽车摆正找准器使检测仪与被测车对正。

③ 开启前照灯，移动检测仪，使光束照射到受光器上，并使上下、左右光轴偏斜指示计指示值为零。此时，根据投影屏上前照灯光束影像位置即可得出光轴的偏斜量。

④ 根据光度计上的指示值，即可得出前照灯的发光强度。

6. 自动追踪光轴式前照灯检测仪检测

① 将被测车沿与导轨垂直的方向驶近检测仪，使前照灯与检测仪受光器相距 3 m。

② 用汽车摆正找准器使检测仪与被测车对正。

③ 开启前照灯，接通检测仪电源，用控制器上的上下、左右控制开关移动检测仪的位置，使前照灯光束照射到受光器上。

④ 按下控制器上的测量开关，受光器随即追踪前照灯光轴，根据光轴偏斜指示计和光度计的指示值即可得出光轴偏斜量和发光强度。

7. 检测结果判定

在国家标准 GB 7258－2012《机动车运行安全技术条件》中，对机动车前照灯光束照射位置和前照灯光束发光强度作了规定。

（1）前照灯近光光束照射位置

在检验前照灯近光光束照射位置时，前照灯照射在距离 10 m 的屏幕上，乘用车前照灯近光光束明暗截止线转角或中点的高度应为（0.7～0.9）*H*（*H* 为前照灯基准中心高度，下同），其他机动车（拖拉机运输机组除外）应为（0.6～0.8）*H*。机动车（装用一只前照灯的机动车除外）前照灯近光光束水平位置向左偏不允许超过 170 mm，向右偏不允许超过 350 mm。

（2）前照灯远光光束照射位置

在检验前照灯远光光束照射位置时，前照灯照射在距离 10 m 的屏幕上，在屏幕上光束中心离地高度要求，乘用车应为（0.9～1.0）*H*，其他机动车应为（0.8～0.95）*H*。机动车

（装用一只前照灯的机动车除外）前照灯远光光束水平位置要求，左灯向左偏不允许超过 170 mm，向右偏不允许超过 350 mm；右灯向左或向右偏均不允许超过 350 mm。

（3）前照灯光束发光强度要求

机动车每只前照灯的远光光束发光强度应达到表 3-2-4 的要求。允许四灯制的机动车其中两只对称的灯达到两灯制要求时视为合格。

表 3-2-4　前照灯远光光束发光强度最小值要求　　单位：cd

检查项目 / 车辆类型	新注册车		在用车	
	两灯制	四灯制	两灯制	四灯制
最大设计时速小于 70 km/h 的汽车	10 000	8 000	8 000	6 000
其他汽车	18 000	15 000	15 000	12 000

四、实施检测作业

使用检测仪对前照灯进行检测，完成任务二的检测工作，如表 3-2-5 所示。

表 3-2-5　汽车前照灯检测作业

<table>
<tr><td colspan="4">小王在夜晚行车时发现灯光很灰暗，有一种朦胧的感觉，他怀疑车辆的灯光有问题，进入维修厂进行维护</td></tr>
<tr><td colspan="2" rowspan="2">1. 前照灯故障现象的处理及确认</td><td>故障处理</td><td>进行汽车前照灯的检测</td></tr>
<tr><td>检验确认</td><td>使用聚光式、屏幕式、投影式等进行检验确认</td></tr>
<tr><td colspan="2">2. 前照灯日常维护描述</td><td colspan="2"></td></tr>
<tr><td rowspan="7">3. 前照灯的检测</td><td>检测项目</td><td>作业要领</td><td>测试记录</td></tr>
<tr><td>检测仪的准备</td><td></td><td></td></tr>
<tr><td>被测车辆的准备</td><td></td><td></td></tr>
<tr><td>聚光式前照灯检测仪检测</td><td></td><td></td></tr>
<tr><td>屏幕式前照灯检测仪检测</td><td></td><td></td></tr>
<tr><td>投影式前照灯检测仪检测</td><td></td><td></td></tr>
<tr><td>自动追踪光轴式前照灯检测仪检测</td><td></td><td></td></tr>
<tr><td colspan="2">检测结果判定</td><td colspan="2"></td></tr>
</table>

五、检验与评估

任务二完成情况的检验评估表如表 3-2-6 所示。

表 3-2-6　任务二的检验与评估

评价指标	检验说明	检验记录			
维护检查项目	1. 发光强度 2. 光束照射方位的偏移值				
汽车前照灯运行情况					
评价内容	检验指标	权重	自评	互评	总评
检查任务完成情况	1. 完成任务过程情况				
	2. 任务完成质量				
	3. 在小组完成任务过程中所起作用				
专业知识	1. 能描述汽车灯光的组成				
	2. 能描述汽车灯光的应用情况				
	3. 能描述前照灯的功能				
	4. 能描述前照灯日常维护作业范围				
	5. 能描述前照灯日常维护作业安全事项				
职业素养	1. 学习态度：积极主动参与学习				
	2. 团队合作：与小组成员一起分工合作，不影响学习进度				
	3. 现场管理：服从工位安排，执行实训室“5S”管理规定				
综合评议与建议					

六、项目拓展

车辆灯光的分类与组成

（一）汽车灯具的分类

汽车灯具按其用途可分为外部照明、内部照明和灯光信号装置三大类。

1. 外部照明

外部照明又称为外照灯，主要有前照灯、后照灯、前侧灯、雾灯、牌照灯、组合式前照灯、小灯等，如图 3-2-6 所示。

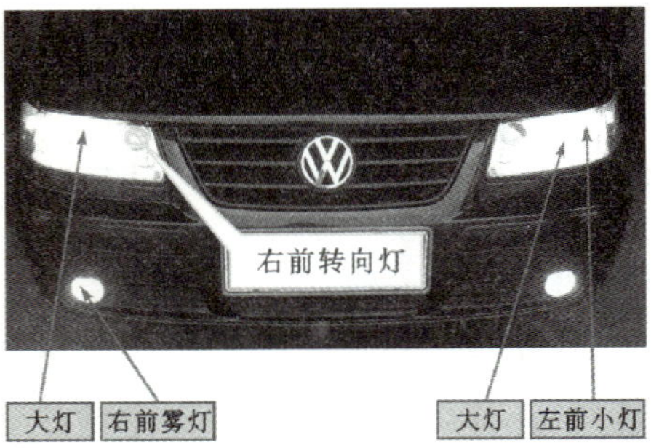

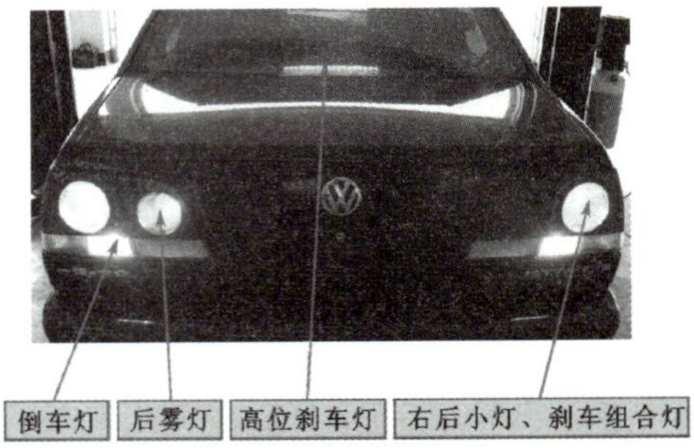

图 3-2-6　外部照明

2．内部照明

内部照明装置包括顶灯、仪表灯、工作灯、指示灯、车厢灯、车门灯等，如图 3-2-7 所示。

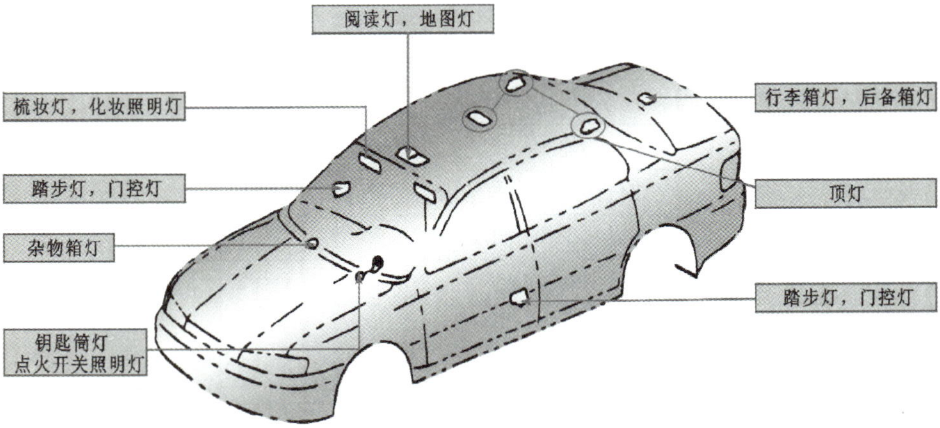

图 3-2-7　内部照明

3．灯光信号装置

汽车灯光信号装置包括前转向灯、后转向灯、倒车灯、制动灯、后尾灯、组合式前信号灯、组合式后信号灯等。

（二）灯光信号系统的组成

汽车上灯光除照明用外，还有一些信号灯，作为汽车使用中指示其他车辆或行人的灯光信号（标志）。

汽车上常用的信号灯主要有以下几种。

➢ 汽车转向信号灯（简称转向灯）：又称方向指示灯，安装在汽车的前、后、左、右四角，有独立式、一灯两用式和组合式三种。其作用是在汽车行驶转弯时，发出明暗交替的闪光信号，使前后车辆、行人等知其行驶方向。

- 转向指示灯：安装在仪表板上，标志汽车转向并指示转向灯工作情况的灯具。它与转向信号灯并联，一起工作。
- 危急报警信号灯：在紧急情况下能发出闪光报警信号的灯具，受危急报警开关和闪光器控制。它通常由转向灯兼任，在紧急情况下前后左右转向灯同时点亮。
- 后尾灯：夜间行车时向后方表示汽车存在的灯具。
- 制动灯：又称制动信号灯，俗称“刹车灯”，均装在汽车后面，多采用组合式灯具。其作用是在汽车制动停车或减速行驶时，向车后发出灯光信号，以警告尾随的车辆或行人。制动灯法定为红色，其灯泡功率一般为 20～40 W，制动灯开关与制动踏板相连，受制动开关控制，只要制动，灯就会亮。
- 门灯：用于指示车门关闭状况的信号灯，通常受控于门轴处的控制开关。
- 倒车灯：用于在倒车时照亮车辆后面的环境，警示车后的行人和车辆注意避让。

任务三　车速表检测

<table>
<tr><td>任务导入</td><td>客户反映，车速表的指示误差太大，显示数值比实际车速小，导致经常出现超速行驶，送入维修厂进行维护</td></tr>
<tr><td>任务目标</td><td>了解车速表误差形成的原因
掌握车速表测试台的使用方法</td></tr>
<tr><td>任务实施</td><td>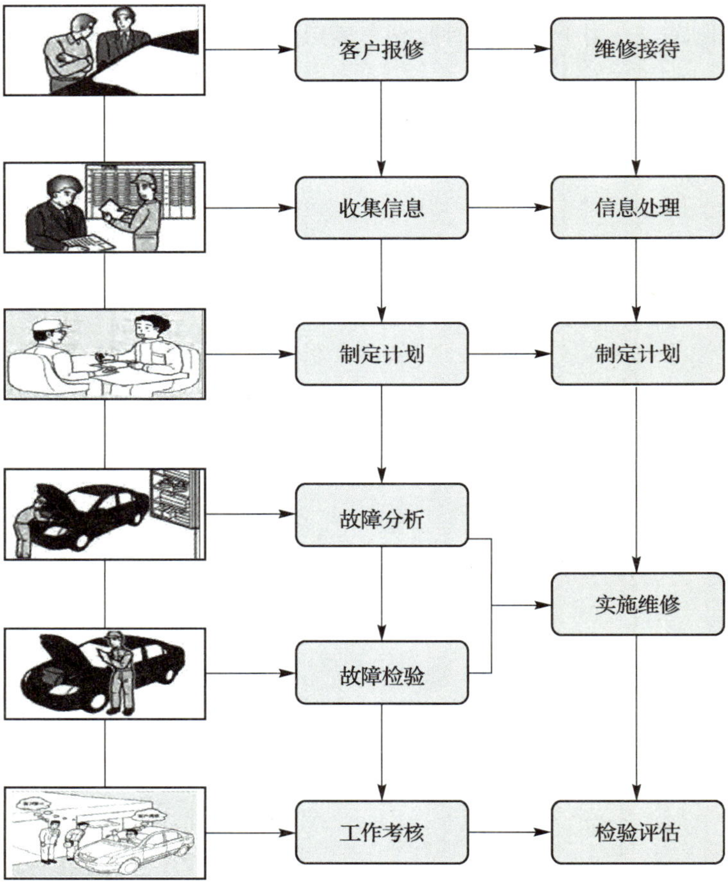
</td></tr>
</table>

一、维修接待

按照表 3-3-1 进行任务三的维修接待，并准确填写接车问诊表。

表 3-3-1　维修接待与接车问诊表

1. 通过询问客户了解车辆使用情况，填写接车问诊表
2. 车间检测初步确认结果：需进行检验维修

接 车 问 诊 表

车牌号：______________　车架号：__________________　行驶里程：________（km）

用户名：______________　电　话：__________________　来店时间：____/____

用户陈述：车速表的指示误差太大，显示数值比实际车速小，导致经常出现超速行驶

接车员检测确认建议：利用车速表检验台进行检测确认

车间检测确认结果及主要故障零部件：利用车速表检验台进行检测确认

车间检查确认者：

外观确认：

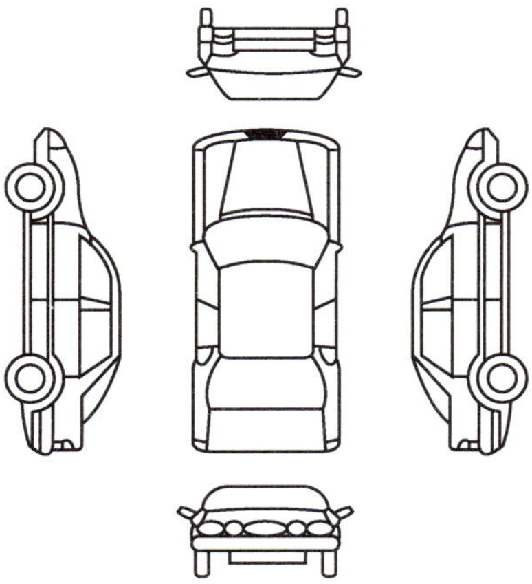

（请在有缺陷部位作标识）

功能确认：（工作正常 √　不正常×）

☐音响系统　☐门锁（防盗器）　☐全车灯光

☐工具　☐后视镜　☐天窗　☐座椅

☐点烟器　☐玻璃升降器　☐玻璃

物品确认：（有 √　无×）

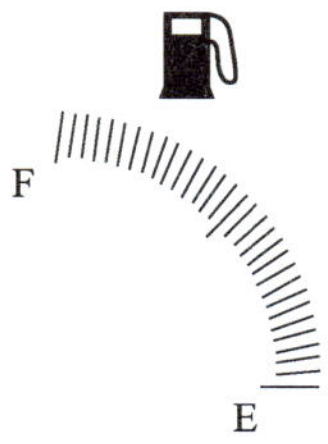

贵重物品提示

☐工具　☐备胎　☐灭火器

☐其他（　　　　　　）

旧件是否交还用户

☐是　☐否

用户是否需要洗车

☐是　☐否

• 检测费说明：本次检测的故障如用户在本店维修，检测费包含在修理费用内；如用户不在本店维修，请您支付检测费。本次检测费：¥________元

• 贵重物品：在将车辆交给我店检查修理前，已提示将车内贵重物品自行收起并保存好，如有遗失恕不负责

接车员：______________________________　用户确认：______________________________

二、信息收集与处理

（一）安全使用及测试装置功能

1. 设备安全使用注意事项

① 测试前先检查车辆的轴重是否在试验台的允许范围之内。

② 严禁车辆在试验台上紧急制动。

③ 测试过程中严禁升起举升器。

④ 对于前轮驱动车辆，应操纵转向盘确保汽车在测试过程中前轮保持直线行驶状态。

⑤ 驱动型车速表试验台作为标准型试验台使用时，一定要将离合器分离，使滚筒与电动机脱开。

⑥ 如果举升器是气压的，则在测试完毕后务必使举升器气缸处于充气状态。

⑦ 试验台不检测时，禁止在上面停放车辆。

2. 滚筒式车速表测试台功能描述

（1）标准型

标准型滚筒式车速表测试台由速度测量装置、速度指示装置和速度报警装置等组成，如图 3-3-1 所示。

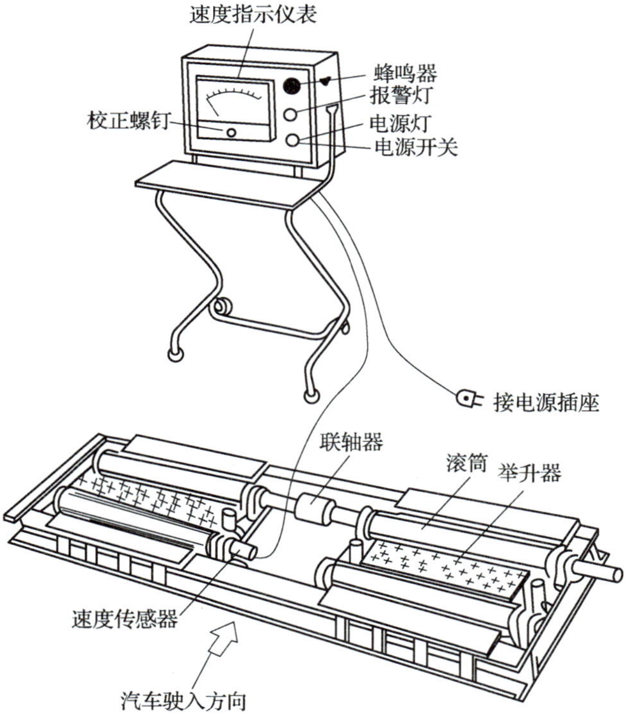

图 3-3-1 标准型滚筒式车速表测试台

- **速度测量装置**：由滚筒、速度传感器和举升器等组成。滚筒分两组共 4 个（或 2 个），直径为 185 mm（或 370 mm），滚筒的每端通过滚动轴承安装在底座框架上，4 个滚筒位于同一平面上。试验时为防止汽车差速器齿轮滑转，试验台的两前滚筒由万向节联轴器或普通联轴器连在一起，以便于 4 个滚筒同步转动。
- **速度指示装置**：根据速度传感器传来的电信号（电压或脉冲数）与滚筒外圆周长等参数经处理后驱动速度指示仪表指示车速，以 km/h 为单位显示。

（2）驱动型

驱动型滚筒式车速表测试台由测速发电机、举升器、电动机和速度指示仪表等组成，如图 3-3-2 所示。

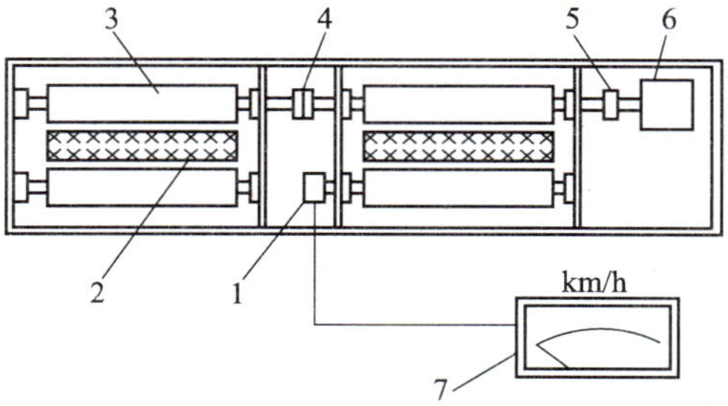

1—测速发电机；2—举升器；3—滚筒；4—联轴器；5—离合器；6—电动机；7—速度指示仪表

图 3-3-2　驱动型滚筒式车速表测试台式意图

（二）车速表误差

1．车速表误差的形成原因

机件在使用过程中发生自然磨损，磁性元件的磁性发生变化和轮胎滚动半径发生变化等都会造成车速表指示误差增大。不管是磁感应式车速表还是电子式车速表，在本身技术状况正常的情况下，轮胎滚动半径的变化都是造成车速表误差的主要原因。轮胎滚动半径的变化主要是由轮胎磨损、气压不足或气压过高等造成的。

汽车行驶速度的计算公式为

$$v = 0.377 \times \frac{r_k n}{i_k i_0}$$

式中：v——汽车行驶速度（km/h）；

r_k——车轮滚动半径（m）；

n——发动机转速（r/min）；

i_k——变速器传动比；

i_0——主减速器传动比。

2．车速表指示误差的检测原理

车速表指示误差检测原理如图 3-3-3 所示。它是以车速表试验台滚筒作为连续移动的路面，把被测车轮置于滚筒上旋转，模拟汽车在道路上的行驶状态。测量时，车轮驱动滚筒旋转，滚筒端部装有速度传感器。滚筒的转速与车速成正比，转速传感器发出的电压随滚筒的转速成变化。因此，实际车速可由车速测试台测出，该数据与车速表显示值比较，即可得出车速表的指示误差。

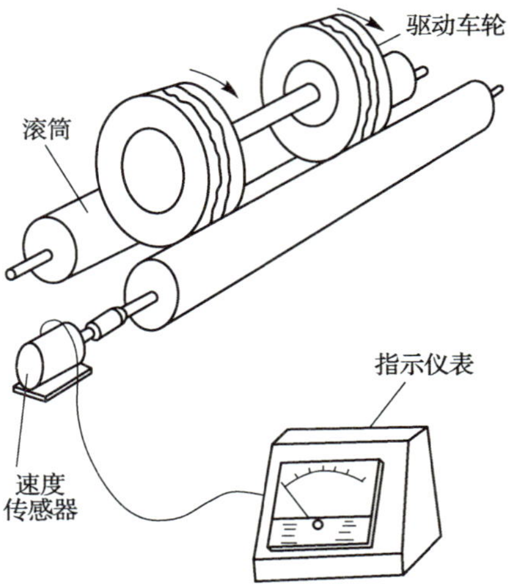

图 3-3-3　车速表指示误差检测原理图

滚筒线速度公式为

$$\omega = Ln \times 60 \times 10^{-6}$$

式中：ω——滚筒线速度（km/h）；

L——滚筒的圆周长（mm）；

n——滚筒的转速（r/min）。

车速表指示误差计算公式为

车速表指示误差=（车速表指示值–实际车速值）/实际车速值×100%

（三）收集车速表检测信息

将车速表检测信息填入表 3-3-2 中。

表 3-3-2　车速表检测信息

车速表测试台

1．标准型滚筒式车速表检验台的组成：________________________

2．驱动型滚筒式车速表检验台的组成：____________________

3．车速表主要有__________________和________________等形式

三、制定检测计划

（一）测试前的准备

1. 车速表试验台的准备

① 测试前检查指示仪表的指针或数码显示是否为零。

② 检查清理滚筒。

③ 检查车速表试验台举升器的升、降动作是否自如。

④ 检查车速表试验台导线的连接情况。

2. 被检车辆的准备

① 检查轮胎气压，应符合汽车制造厂的规定。

② 检查并清理轮胎。

（二）测试步骤

① 接通车速表试验台电源。

② 升起滚筒间的举升器。

③ 将汽车开上车速表试验台，使与车速表有传动关系的车轮停于两滚筒之间。

④ 降下举升器，抵住于滚筒外的一对车轮。

⑤ 对于标准型车速表试验台：

a．汽车挂入最高挡，松开驻车制动器，踩下加速踏板，使驱动车轮带动滚筒平稳地加速运转。

b．当驾驶室内车速表指示值稳定达到检测车速时，读取试验台指示值（实际车速）；或当试验台指示值稳定达到检测车速时，读取驾驶室内车速表的指示值。

⑥ 对于驱动型车速表试验台：

a．接合车速表试验台离合器，使滚筒与电动机连接在一起。

b．将汽车变速器挂入空挡，松开驻车制动器，起动电动机通过滚筒带动车轮旋转。

c．当车速表指示值稳定达到检测车速时，读取试验台指示值；或当试验台指示值稳定达到检测车速时，读取车速表指示值。

⑦ 读取数据后，轻轻踩下汽车制动踏板，使滚筒和车轮停止转动。对于驱动型车速表试验台，必须先关断电动机电源，再踩制动踏板。

⑧ 升起举升器，汽车开出试验台。

⑨ 关断试验台电源，测量工作结束。

（三）检查与维护结论

在 GB 7258—2012《机动车运行安全技术条件》中，对汽车车速表的检查做了如下的规定：车速表指示误差（最高设计车速不大于 40 km/h 的机动车除外）车速表指示车速 v_1（km/h）与实际车速 v_2（km/h）之间应符合关系式

$$0 \leqslant v_1 - v_2 \leqslant (v_2 / 10) + 4 ,$$

即当实际车速 v_2 为 40 km/h 时，车速表的指示值 v_1 应为 40～48 km/h；或当汽车车速表指示值为 40 km/h 时，实际车速为 32.8～40 km/h，超过上述范围的车速表指示不合格。

四、实施检测作业

使用车速表检测台对车速表进行检测，完成任务三的检测工作，如表 3-3-3 所示。

表 3-3-3　车速表检测作业

<table>
<tr><td colspan="4">客户反映，车速表的指示误差太大，显示数值比实际车速小，导致经常出现超速行驶，送入维修厂进行维护</td></tr>
<tr><td colspan="2" rowspan="2">1. 车速表故障现象的处理和确认</td><td>故障处理</td><td>进行车速表的检测</td></tr>
<tr><td>检验确认</td><td>使用车速表测试台进行检验确认</td></tr>
<tr><td colspan="2">2. 车速表日常使用描述</td><td colspan="2"></td></tr>
<tr><td rowspan="5">3. 车速表检测</td><td>检测项目</td><td>作业要领</td><td>测试记录</td></tr>
<tr><td>车速表试验台的准备</td><td></td><td></td></tr>
<tr><td>被检车辆的准备</td><td></td><td></td></tr>
<tr><td>检测过程</td><td></td><td></td></tr>
<tr><td>检测标准</td><td></td><td></td></tr>
<tr><td colspan="2">检查与维护结论</td><td colspan="2"></td></tr>
</table>

五、检验与评估

任务三完成情况的检验评估表如表 3-3-4 所示。

表 3-3-4 任务三的检验与评估

<table>
<tr><th colspan="2">评价指标</th><th>检验说明</th><th colspan="4">检验记录</th></tr>
<tr><td colspan="2">维护检查项目</td><td></td><td colspan="4"></td></tr>
<tr><td colspan="2">车速表运行情况</td><td colspan="5"></td></tr>
<tr><td>评价内容</td><td colspan="2">检验指标</td><td>权重</td><td>自评</td><td>互评</td><td>总评</td></tr>
<tr><td rowspan="3">检查任务完成情况</td><td colspan="2">1．完成任务过程情况</td><td rowspan="3"></td><td rowspan="3"></td><td rowspan="3"></td><td rowspan="11"></td></tr>
<tr><td colspan="2">2．任务完成质量</td></tr>
<tr><td colspan="2">3．在小组完成任务过程中所起作用</td></tr>
<tr><td rowspan="5">专业知识</td><td colspan="2">1．能描述汽车车速表测试设备安全使用注意事项</td><td rowspan="5"></td><td rowspan="5"></td><td rowspan="5"></td></tr>
<tr><td colspan="2">2．能描述滚筒式车速测试台的组成</td></tr>
<tr><td colspan="2">3．能描述汽车车速表误差的形成原因</td></tr>
<tr><td colspan="2">4．能描述汽车车速表指示误差的检测原理</td></tr>
<tr><td colspan="2">5．能描述汽车车速表检测过程</td></tr>
<tr><td rowspan="3">职业素养</td><td colspan="2">1．学习态度：积极主动参与学习</td><td rowspan="3"></td><td rowspan="3"></td><td rowspan="3"></td></tr>
<tr><td colspan="2">2．团队合作：与小组成员一起分工合作，不影响学习进度</td></tr>
<tr><td colspan="2">3．现场管理：服从工位安排，执行实训室“5S”管理规定</td></tr>
<tr><td>综合评议与建议</td><td colspan="6"></td></tr>
</table>

六、项目拓展

车速里程表及速比的计算方法

（一）车速里程表的结构及工作原理

车速里程表与水温表是汽车用组合仪表上两个最重要的仪表。车速里程表有机械式和电子式两种。

1．机械式车速里程表

机械式车速里程表主要由与主动轴固定在一起的 U 形永久磁铁、带有转轴与指针的铝罩、罩壳、固定在车速里程表外壳上的刻度盘等组成，如图 3-3-4 所示。主动轴由变速器或分动器传动蜗杆经软轴驱动。

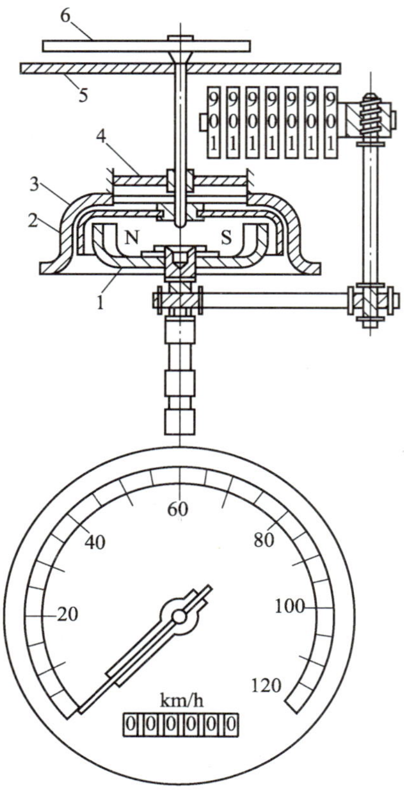

1—永久磁铁；2—铝罩；3—外壳；4—盘形弹簧；5—刻度盘；6—指针

图 3-3-4 机械式车速里程表结构示意图

汽车不工作时，盘形弹簧 4 使指针 6 处于刻度盘的零位。当汽车行驶时，变速箱上蜗轮组件中的蜗杆带动里程表软轴旋转，再由软轴带动主动轴旋转，从而使主动轴上的永久磁铁 1 跟着旋转。由于蜗杆与软轴及车速里程表主动轴紧密连接在一起，所以它们的转速相同。永久磁铁的磁力线在铝罩上产生涡流，涡流产生的磁场与旋转的永久磁铁磁场相互作用产生转矩，转矩使铝罩克服盘形弹簧的弹力向永久磁铁 1 旋转的方向旋转，直至与盘形弹簧弹力相平衡。车速越高，永久磁铁 1 旋转越快，转矩越大，铝罩 2 带动指针 6 偏转的角度就越大，车速的指示值就越高。

里程表由蜗轮蜗杆机构和数字轮组成。汽车行驶时，主动轴经 3 对蜗轮蜗杆驱动里程表最右边的第一数字轮，使第一数字轮上和数字显示 1/10 km。从第一数字轮向左，每两个相邻的数字轮之间，又通过本身的内齿和进位数字轮传动齿轮，形成 1∶10 的传动比。当第一数字轮转动一周，由 9 转到 0 时，由内传动齿拨动左侧第二个数字轮转动 1/10 圈，形成 1 km 数递增；当第二数字轮转动一周，由 9 转到 0 时，其左侧第三个数字轮转动 1/10，以 10 km 数递增。其余数字轮由低位到高位的显示，计数方式均依次类推，即可显示汽车行驶里程数。

2. 电子式车速里程表

电子式车速里程表由车速传感器（安装在车轮上变速箱蜗轮组件的蜗杆上，有光电耦合式和磁电式）、微机处理系统和显示器组成。由传感器传来的光电脉冲或磁电脉冲信号，经仪表内部的微机处理后，可在显示屏上显示车速。里程表则根据车速以及累计运行时间，由微机处理计算并显示里程。

（二）组合仪表速比的计算方法

1. 速比的定义

对机械式或传感器安装在变速器上的蜗轮组件的车速表来说，所指示车速与变速器蜗杆的转速之比即为速比。例如，车速表上的读数为 60 km/h 之时，变速器蜗杆的转速为 36 000 r/h，则仪表速比为 60∶3 600=1∶600。也就是说，当车速表上的读数显示为 1 km/h 之时，变速箱蜗杆的转速必须为 600 r/h。

2. 组合仪表的理论速比

理想状态下，即车速表上显示的读数与实测速度相等的情况下，所计算出来的速比称为理论速比，其计算公式为

$$K = 1:[(k_1 / k_2) \times 1\,000 / (2\pi R)]$$

式中：K——理论速比；

k_1——后桥主减速比；

k_2——变速箱蜗轮组件的传动比；

R——轮胎的滚动半径（m）。

下面举一个例子来说明如何计算组合仪表的理论速比。

某轿车相关参数为后桥主减速比 5.125，变速箱蜗轮组件的传动比（蜗轮转速与蜗杆转速之间的比值）为 14/3，轮胎型号为 165/70R13LT 8PR 90/88Q。查 GB/T 2978—2008《轿车轮胎规格、尺寸、气压与负荷》得轮胎滚动半径为 273 mm = 0.273 m。则

$$K = 1:[(k_1 / k_2) \times 1\,000 / (2\pi R)] = 1:[(5.125 / \frac{14}{3}) \times 1\,000 / (2 \times 3.14 \times 0.273)] = 1:640.6$$

该速比即为所求的理论速比。

3. 组合仪表的实际速比

如果按照理论速比来设计组合仪表，车速表往往会出现速度超差的现象，导致实测速度 v_2 大于车速表读数 v_1，这是安全法规所不允许的。根据 GB 7258—2012《机动车安全运行技术条件》中的 4.12 条，车速表指示车速 v_1（单位：km/h）与实测车速 v_2（单位：km/h）之间应符合下列关系式：$0 \leqslant v_1 - v_2 \leqslant (v_2 / 10) + 4$，由此公式可得符合条件的实测速度值如表 3-3-5 所示。

表 3-3-5　实测速度值

仪表读数	40 km/h	60 km/h	80 km/h	100 km/h	120 km/h
实测速度	32.7～40 km/h	50.9～60 km/h	69.1～80 km/h	87.3～100 km/h	105.5～120 km/h

为了安全起见，必须选定一个实际速比，使 $v_2 < v_1$，且符合 GB 7258—2012《机动车安全运行技术条件》。此处，选定一个速比 K_1，使仪表读数为 100 km/h 之时，实测速度为 95 km/h。由 $v_1/v_2 = K_1/K$ 得，$K_1 = K(v_1/v_2) = (1/640.6) \times (100/95) \approx 1:609$，当仪表读数 v_1=40 km/h，实测车速 $v_2 = v_1 K / K_1 = 40 \times (1/640.6)/(1/609) \approx 38$（km/h），同理可算出当仪表读数 v_1 分别为 60 km/h，80 km/h，120 km/h，实测速度 v_2 分别为 57 km/h，76.1 km/h，114.1 km/h。可见所选实际速比 K_1 符合法规要求，可作为该款轿车的组合仪表的速比。当然，也可选其他速比，但根据所选速比计算出的实测车速要在表 3-3-5 的范围之内。

项目四　汽车环保性能的检测

任务一　汽油发动机废气检测

任务导入	王先生驾驶一辆 2006 别克轿车，为顺利通过车辆年检，王先生在 4S 店维护车辆时，让维修人员对汽车尾气进行检测，从而在年检前对自己车的尾气排放有大致了解
任务目标	掌握汽油发动机废弃分析仪的使用方法 能够根据汽油发动机排气分析仪的测量参数，正确判断发动机的故障原因
任务实施	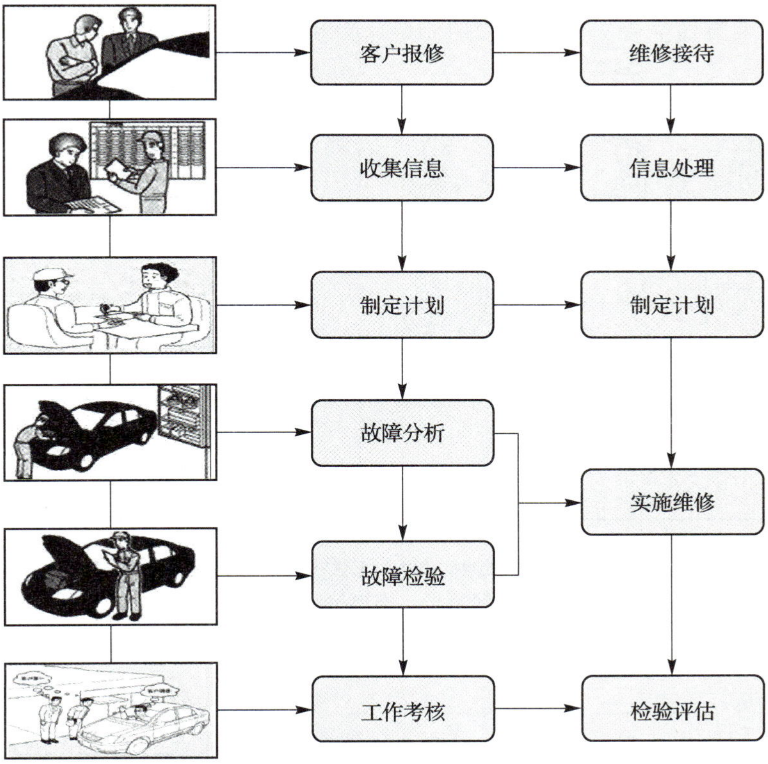

一、维修接待

按照表 4-1-1 进行任务一的维修接待，并准确填写接车问诊表。

表 4-1-1　维修接待与接车问诊表

1. 通过询问客户了解车辆使用情况，填写接车问诊表
2. 车间检测初步确认结果：进行废气检测

接 车 问 诊 表

车牌号：________　车架号：________________　行驶里程：______（km）

用户名：________　电　话：________________　来店时间：___/___

用户陈述：为顺利通过车辆年检，让维修人员对汽车尾气进行检测，从而在年检前对自己车的尾气排放有大致了解	
接车员检测确认建议：进行废气检测确认	
车间检测确认结果及主要故障零部件：进行废气检测确认 车间检查确认者：	
外观确认： 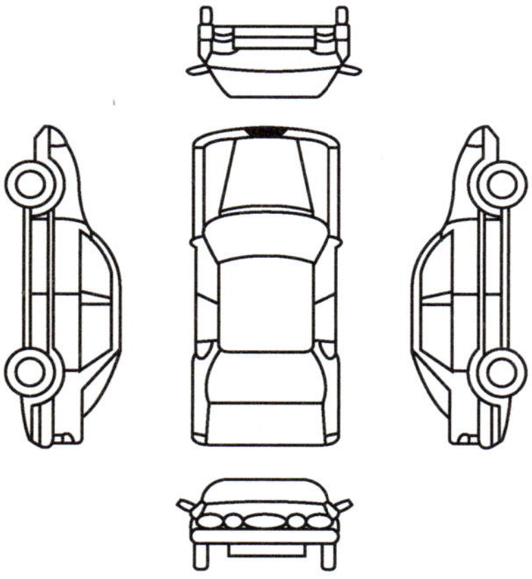 （请在有缺陷部位作标识）	功能确认：（工作正常 √　不正常×） □音响系统　□门锁（防盗器）　□全车灯光 □工具　□后视镜　□天窗　□座椅 □点烟器　□玻璃升降器　□玻璃 物品确认：（有 √　无×） 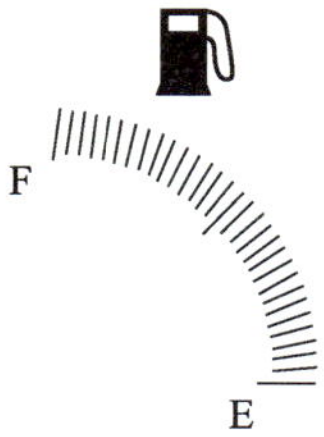 贵重物品提示 □工具　□备胎　□灭火器 □其他（　　　　　　） 旧件是否交还用户 □是　□否 用户是否需要洗车 □是　□否

• 检测费说明：本次检测的故障如用户在本店维修，检测费包含在修理费用内；如用户不在本店维修，请您支付检测费。本次检测费：¥________元

• 贵重物品：在将车辆交给我店检查修理前，已提示将车内贵重物品自行收起并保存好，如有遗失恕不负责

接车员：____________________　用户确认：____________________

二、信息收集与处理

（一）仪器的主要技术性能

本任务选用的检测仪是 VEA-401/501 型排气分析仪。

VEA-401 是一种四气体排气分析仪，它能测量 HC，CO，CO_2 和 O_2 的排放量；VEA-501 是一种五气体排气分析仪，它在 VEA-401 的基础上增加了测量 NO_x 排放量的功能。

VEA-501 排气分析仪（以下简称排气分析仪）是一种便携式五气体汽车尾气分析仪。它采用国外先进技术和进口部件生产而成，通过不分光红外线吸收原理（NDIR），测试机动车辆废气中的 HC，CO 和 CO_2 浓度，采用化学发光原理对 O_2 和 NO_x 浓度进行检测，并与汽车的维修诊断和汽车双怠速测试、加速模拟工况测试相结合，用以指导超标故障诊断及维修。该仪器不仅体积小，而且操作方便、测量准确、工作可靠，适用于机动车检测站、汽车制造厂、汽车修理厂等使用。

1. 额定使用条件

① 环境温度：5～45℃；

② 相对湿度：0～95%；

③ 大气压力：70～106 kPa；

④ 直流输入电压：12～18 V；

⑤ 直流输入电流：4 A；

⑥ 交流输入电压：100～240 V，50 Hz/60 Hz。

2. 测量范围

① HC：（0～20 000）$\times 10^{-6}$（ppm）vol；

② CO：（0～15.0）$\times 10^{-2}$（%）vol；

③ CO_2：（0～20.0）$\times 10^{-2}$（%）vol；

④ O_2：（0～25.0）$\times 10^{-2}$（%）vol；

⑤ NO_x：（0～5 000）$\times 10^{-6}$（ppm）vol。

3. 功能

- 指定工况测试功能：根据用户需要，将汽车发动机置于用户指定工况运行，可测量此时的废气排放数据，并能以参数、直方图、曲线等形式进行显示、记录。
- 双怠速测试功能：根据双怠速测试标准进行测试，并可自动判断测试结果是否达标，测试过程提示清晰、步骤标准、操作简单。
- 加速模拟工况测试功能：配合底盘测功机，根据加速模拟工况测试标准进行测试，并可自动判断测试结果是否达标，测试过程提示清晰、步骤标准、操作简单。
- 历史记录查询功能：根据车号，可查询所测汽车以往记录修理过程中的多次废气测量数据，通过查询功能进行比较，以指导维修作业。

- **故障诊断、分析和维修指导功能：**通过对测量的废气参数变化情况的分析，帮助用户判断汽车排放超标的原因，并提出修理建议，指导故障诊断和维修，如判断废气控制系统中三元催化器的好坏，空气滤清器是否过脏等。
- **气路泄漏自检功能：**将取样探头前端用阻塞帽阻塞，进行“气路泄漏自检”操作，可检测整个气路有无泄漏现象。
- **PC 机通讯功能：**通过仪器后面板 RS232 端口与 PC 机 COM 口通讯更新程序软件及传送测试数据，用以综合管理、诊断。
- **打印功能：**内置点阵式打印机，可打印测试结果和历史记录。

4．结构组成

VEA-501 排气分析仪主要由主机、取气软管、取样探头组件、交直流电源适配器、双钳电源线、点烟器电源线和转速传感器等组成。

- **主机：**由线路板、液晶显示器、操纵键、指示器、电源等组成，可以显示操作提示及检测数据，如图 4-1-1 所示。

图 4-1-1　排气分析仪主机外形

- **取气软管（PU 管）：**长度为 5 m，不得随意加长或缩短，由特殊材料制作，要求管壁不吸附气体、不与被测气体发生化学反应以确保测量精确度。
- **取样探头组件（采集管组件）：**插入排气管内取气，插入长度不小于 400 mm。
- **交直流电源适配器：**把 100～240 V 交流电转换为 12 V 直流电，给主机供电。
- **双钳电源线：**从汽车电瓶取电给排气分析仪，将红色鳄鱼夹接到电瓶正极，黑色鳄鱼夹接电瓶负极。
- **点烟器电源线：**从点烟器取电给排气分析仪。
- **转速传感器：**用于读取发动机转速。
- **温度传感器及转接电缆：**用于将温度传感器与主机连接，读取机油箱油温。
- **PC 联机线：**用于连接 PC 机的 COM 口与排气分析仪的 RS232 端口。

（二）仪器的使用方法

1. 键盘的使用

如图 4-1-2 所示为排气分析键盘。此外，本设备后部的 PS/2KB 接口可外接标准 PS/2 键盘，以方便用户输入其他信息。排气分析仪各按键的功能如下。

图 4-1-2　排气分析仪键盘

- 数字键：包括 0～9 及小数点（.），用来选择功能或输入数值和英文字母。
- 删除键“BACK SPACE”：用来删除前一个输入的字符。
- “▲”“▶”“▼”“◀”键：用来移动选择框。
- “ENTER”键：用来确认所选择的功能或命令。
- “ESC”键：结束当前操作，返回上级菜单。
- “+”“–”：用于调节屏幕的背光度，按“+”键背光度增加，按“–”键背光度降低。

2. 打印机的使用

（1）更换纸卷

打印机在出厂时已安装了纸卷，纸卷用完后，可以按下面的步骤更换纸卷。

① 拧开主机顶部打印机盖板上的螺钉，取出整个打印机，如图 4-1-3 所示。应当注意的是，在取下打印机前，一定要确保已关主机的电源。

② 从打印机上取出纸卷轴，如图 4-1-4 所示。

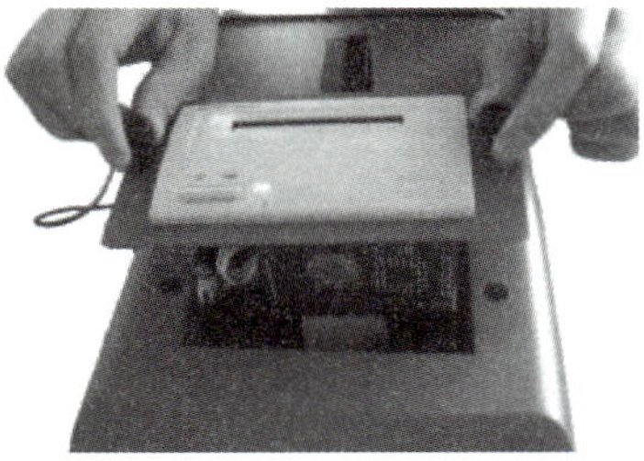

图 4-1-3　取出打印机

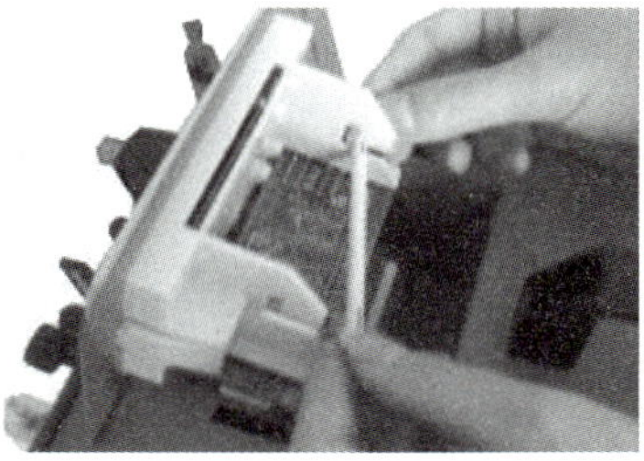

图 4-1-4　取出纸卷轴

③ 将新纸卷套在纸卷轴上，并将纸卷用力接入打印机的导槽内，一定要确认纸卷已

安装牢固，不会掉出。

④ 将纸端剪成尖型，接通主机的电源，按“SEL”键，使 SEL 指示灯灭，然后再按“LF”键，使机头转动。这时用手将纸头送入机头下面入纸口处，如图 4-1-5 所示，纸便会徐徐进入机头并从机头正上方露出，如图 4-1-6 所示。

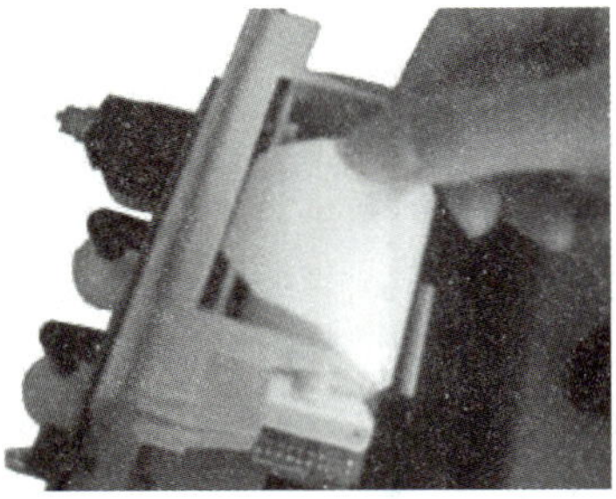

图 4-1-5　将纸送入入纸口

图 4-1-6　纸从机头前方露出

⑤ 露出一定长度后，再按“SEL”键使打印机机头停正转动，然后关闭主机电源，将整个打印机装回到主机内。

（2）更换色带

色带盒在设备出厂时已经装好，但经过一段时期使用后，需要更换色带盒。可以按下面的步骤更换色带盒。

① 取下打印机的前盖板，如图 4-1-7 所示。

图 4-1-7　取下打印机前盖板

② 从打印机头上轻轻取下旧色带盒，换上新色带盒，如图 4-1-8 所示。

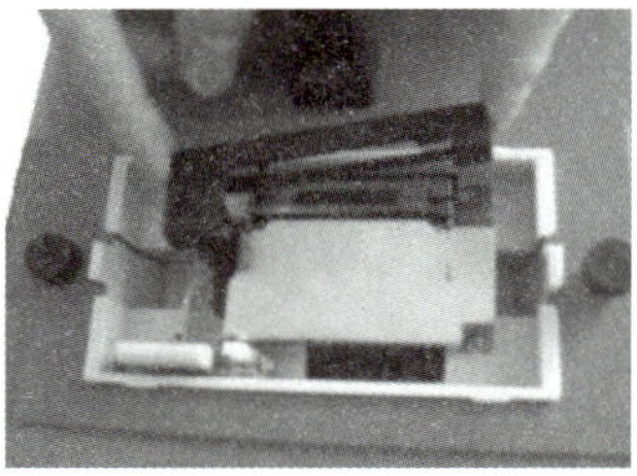

图 4-1-8　换上新色带盒

③ 装上打印机的前盖板。

（三）排气技术要求

① 检测前应将发动机怠速和点火正时调至最佳状态。

② 检查排气系统不得有任何泄漏。

③ 检测间隔应有 5～10 min。

④ 排放标准如表 4-1-2 所示。

表 4-1-2　排放标准

	HC		CO	
	小车（2.5 吨以下）	大车	小车	大车
电子燃油喷射式	150 ppm	200 ppm	0.8%	1%
化油器式	900 ppm	1 200 ppm	4.0%	4.5%

（四）检测中仪器使用的注意事项

① 本仪器为精密电子仪器，使用中切勿摔碰。

② 排气分析仪应放置在平坦和振动小的地方，应避免日光直射或潮湿的环境。

③ 避免液体溅到排气分析仪的表面，以免进入系统内部造成永久伤害，可燃性气体可能引起爆炸。

④ 排气分析仪一定要定时保养，以确保使用精度。

⑤ 使用电源时，只能使用排气分析仪外接交直流电源适配器或从汽车电瓶和点烟器获取电源，使用其他电源可能会造成设备的损害。

⑥ 必须使用设备本身配套的附件，如取样探头，不能使用其他产品的配件。

⑦ 将温度转速传感器连接到排气分析仪后部的数据接口插座之前，应将排气分析仪电源切断。

⑧ 当执行了仪器校准操作时，必须用标准气体校正，否则将导致测量值不准确。

⑨ 开机时气泵有时会发出响声，有时却没有响声。无论有无响声都不会影响排气分析仪的正常工作。

⑩ 使用完毕后，切断所有电源。

（五）想一想

1．描述排气分析仪的作用。

2．汽车尾气中都含有什么？

3．汽车尾气都有哪些危害？

4．排气分析仪都能测量哪些数据？

5．汽车废气测量的方法有哪些？

6．废气测量的标准是多少？

三、制定检测计划

（一）连接

1．连接步骤

① 将带有取样探头的取气软管连接到排气分析仪后部的废气入口，并用压紧螺母拧紧。

② 请在以下三种方法中任选一种方法获取电源。

a．将点烟器电源线的一端插入被测汽车仪表板上的点烟器插口内，另一端连接到排气分析仪后面的电源插座内。

b．将双钳电源线带夹子的一端连接到被测汽车的电瓶上（红正黑负），另一端连接到排气分析仪后面的电源插座内。

c．将交直流电源适配器的交流端连接到外接 100～240 V 交流电源上，另一端连接到排气分析仪后面板的直流电源插座内。

③ 将转速传感器带 3PIN 接头的一端连接到排气分析仪后部的转速信号接口上，带夹持器的一端夹到分缸高压线上。

④ 将温度传感器及转接电缆带 5PIN 接头的一端连接到排气分析仪后部的油温信号接口上，另一端插入机油箱量孔中。

2. 注意事项

① 在连接之前检查取样探头和取气软管是否有压扁、割坏、堵塞、污染等情况，当发现有压扁、割坏情况时应更换新件；发现有污染、堵塞情况时，应用布或压缩空气清扫，确保废气在传输过程中无堵塞现象。

② 确保取气软管和废气入口连接紧密，没有漏气现象。

③ 在连接测试线路以前，要检查电源线有无损伤和接触不良的地方，如发现有接触不良或断线处，应更换新线，并保证水气分离器中的过滤器和气体滤清器干净，不会出现堵塞现象，如有必要应及时更换。

④ 汽车起动时，起动电流会引起电源电压下降，有可能会引起排气分析仪电压不足、关机等情况。

⑤ 必须在关机状态下将温度转速传感器连接到排气分析仪后部的温度、转速信号接口上。

（二）校准仪器

当需执行仪器校正操作时，必须用标准气体校正，否则将导致测量值不准确。在测试功能主菜单下，按数字键“3”选择“3．仪器校正”功能，屏幕显示如图 4-1-9 所示。

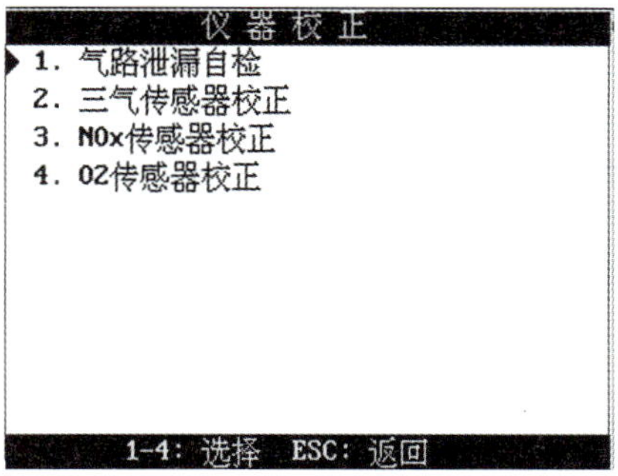

图 4-1-9　仪器校正

1. 气路泄漏自检

在仪器校正功能菜单中，按数字键“1”选择“1．气路泄漏自检”功能，屏幕显示如图 4-1-10 所示。

根据提示，先堵塞取样探头，然后按“ENTER”键进行气路泄漏自检，如图 4-1-11 所示。

检测完毕后，如气路密封性良好，则会提示“气路密封良好，请去掉阻塞帽并返回”；否则将会提示“气路有泄漏，请关闭电源检查气路”。这时应关闭排气分析仪电源，详细检查整个气路部件及气路连接部分是否有泄漏，检查并处理后，重新进行气路泄漏自检操作，直至气路密封检查良好。

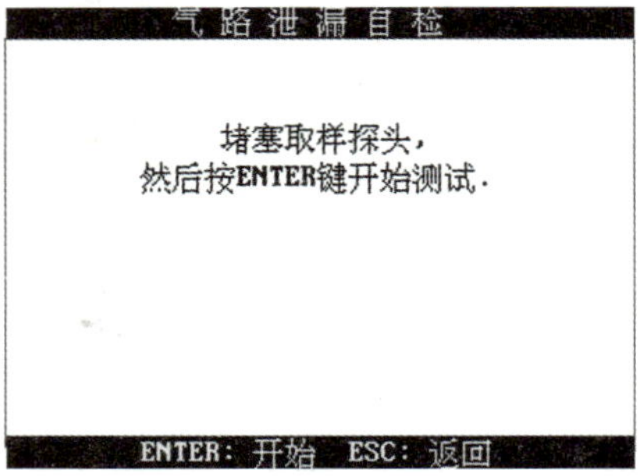

图 4-1-10 气路泄漏自检

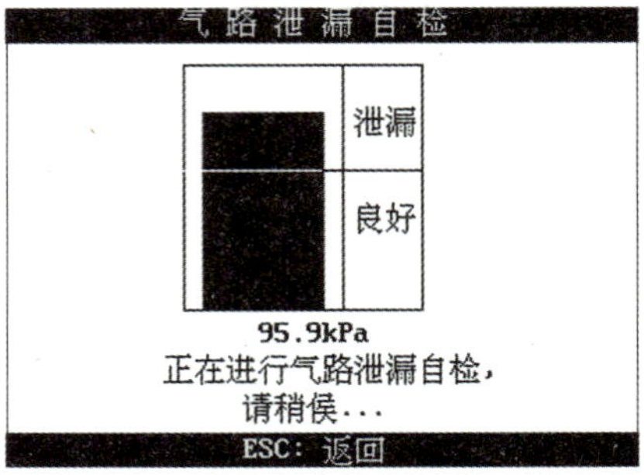

图 4-1-11 气路泄漏自检

2. 三气传感器校正

由于仪器在使用过程中会产生漂移和老化等现象，所以建议在仪器正常使用一段时间后，或者测试时屏幕显示“传感器需校正”时，用标准气体进行校准。标准气容器上标注的气体浓度值就是其校准值。

在仪器校正功能菜单中，按数字键“2”选择“2. 三气传感器校正”，屏幕提示输入密码，输入密码后按“ENTER”键，显示如图 4-1-12 所示。

（1）一点校正

在三气传感器校正方式菜单中，按数字键“1”选择“1. 一点校正”功能，仪器自动进行校零，校零完成后，屏幕显示如图 4-1-13 所示。

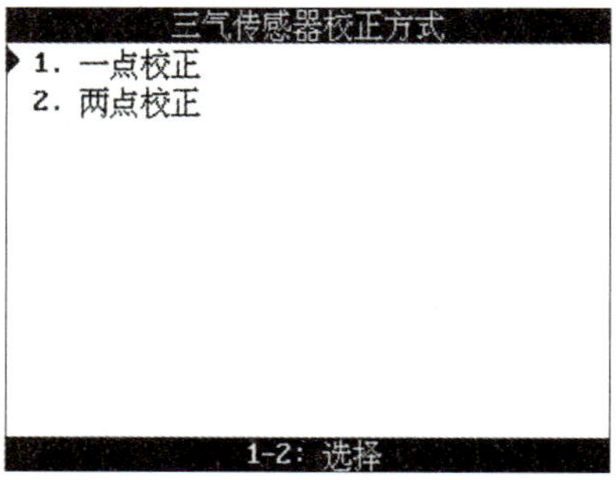

图 4-1-12 三气传感器校正

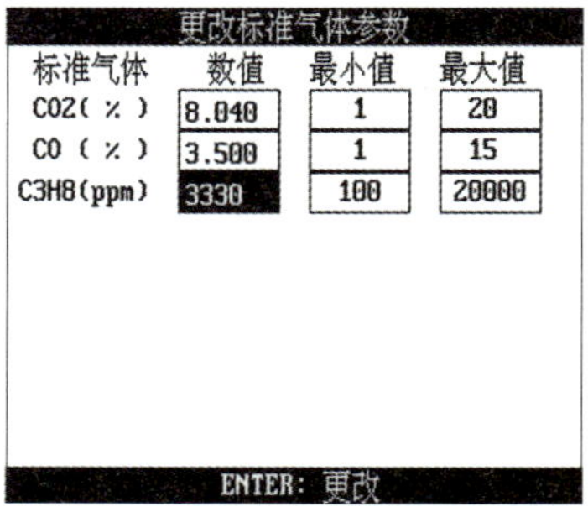

图 4-1-13 输入标准瓶数据

正确地输入标准气瓶上的数据后，按“ENTER”键继续，屏幕显示如图 4-1-14 所示。

按屏幕提示进行操作，校正成功，屏幕显示如图 4-1-15 所示。校正成功后，按“ESC”键返回。

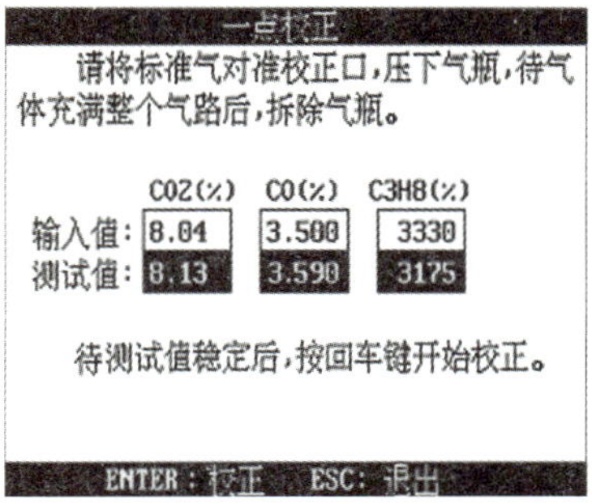

图 4-1-14　校正操作

图 4-1-15　校正成功

（2）两点校正

两点校正必须用两种不同浓度值的标准气体进行校正。在三气传感器校正方式菜单中，按数字键“2”选择“2．两点校正”功能，仪器进行校零。校零完成后，屏幕显示如图 4-1-16 所示。

根据两瓶标准气瓶上的标签分别输入正确数值后，按“ENTER”键确认，屏幕显示如图 4-1-17 所示。

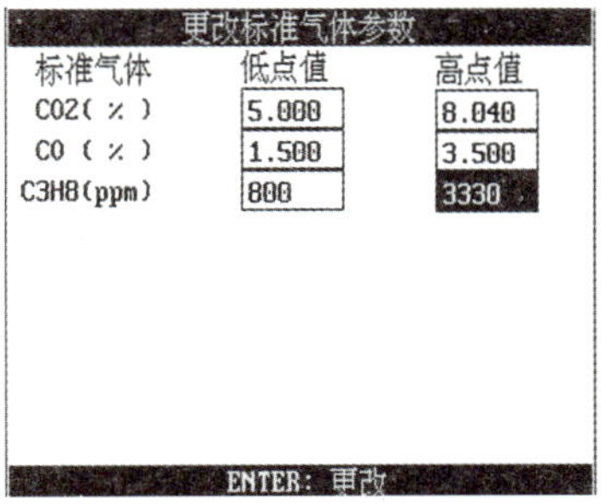

图 4-1-16　仪器进行校零

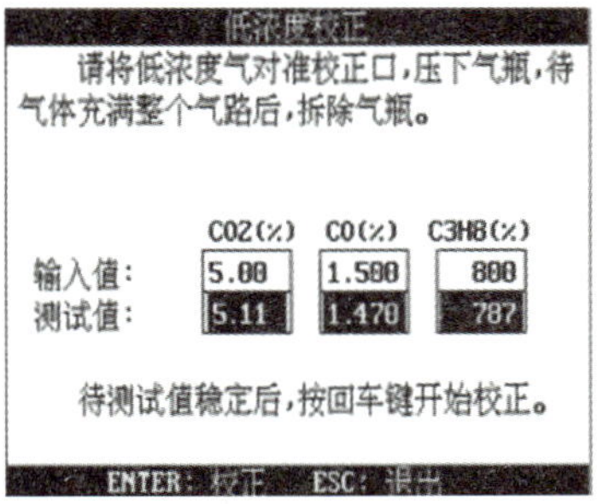

图 4-1-17　输入正确数值

按屏幕提示进行操作，校正成功，显示如图 4-1-18 所示。

低点校正成功后，按“ENTER”键，传感器校零，校零完毕后，继续进行高点校正，屏幕显示如图 4-1-19 所示。

图 4-1-18　传感器校零

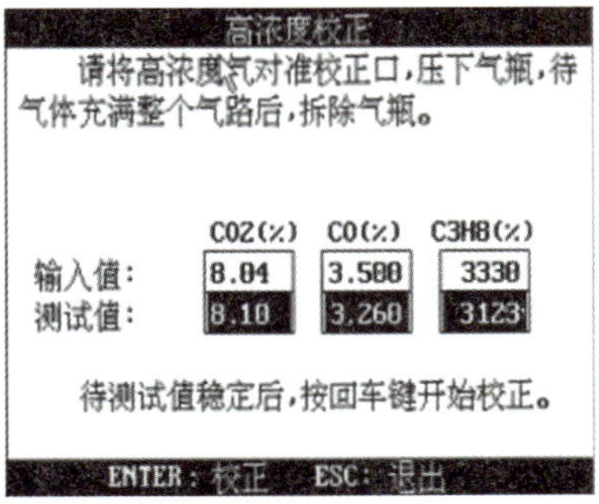

图 4-1-19　高浓度校正

按屏幕提示进行操作，校正成功，屏幕显示如图 4-1-20 所示。校正成功后，按“ESC”键返回。

图 4-1-20　高点校正成功

3．NO_x传感器校正

由于气路中 NO_x 的浓度受气体流量和压力的影响较大，所以该操作只建议用户使用大瓶标准气体进行标定，在气路入口处需接入流量计并控制其流量在 3～6 L/min 范围内，以确保准确标定。

在仪器校正功能菜单中，按数字键“3”选择“3．NO_x 传感器校正”，屏幕提示输入密码，输入密码后按“ENTER”键，显示如图 4-1-21 所示。

（1）一点校正

在 NO_x 传感器校正方式菜单中，按数字键“1”选择“1．一点校正”，仪器自动进行校零，校零完成后，屏幕显示如图 4-1-22 所示。

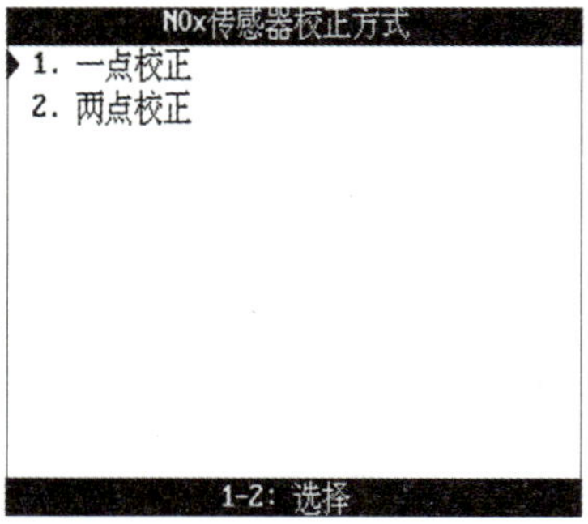

图 4-1-21　传感器校正

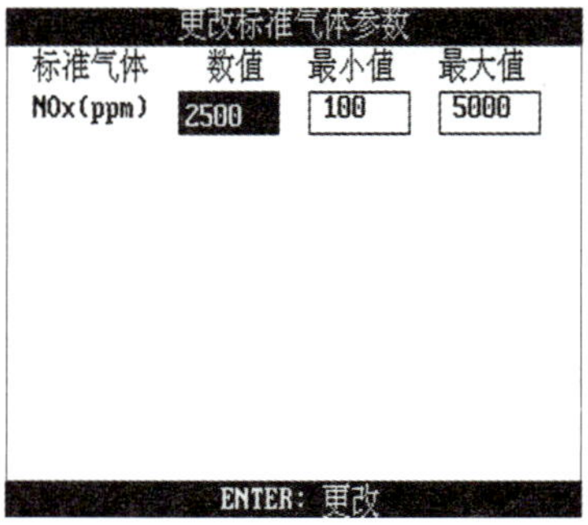

图 4-1-22　仪器进行自动校零

正确地输入标准气瓶上的数据后，按“ENTER”键继续，屏幕显示如图 4-1-23 所示。

按屏幕提示进行操作，校正成功，显示如图 4-1-24 所示。校正成功后，按“ESC”键返回。

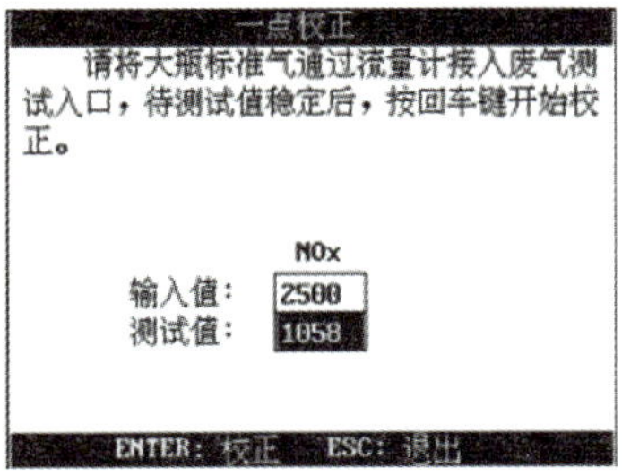

图 4-1-23　输入标准瓶上的数据

图 4-1-24　一点校正成功

（2）两点校正

在 NO_x 传感器校正方式菜单中，按数字键“2”选择“2．两点校正”功能，仪器进行校零，校零完成后，屏幕显示如图 4-1-25 所示。

根据两瓶标准气瓶上的标签分别输入正确数值后，按“ENTER”键确认，屏幕显示如图 4-1-26 所示。

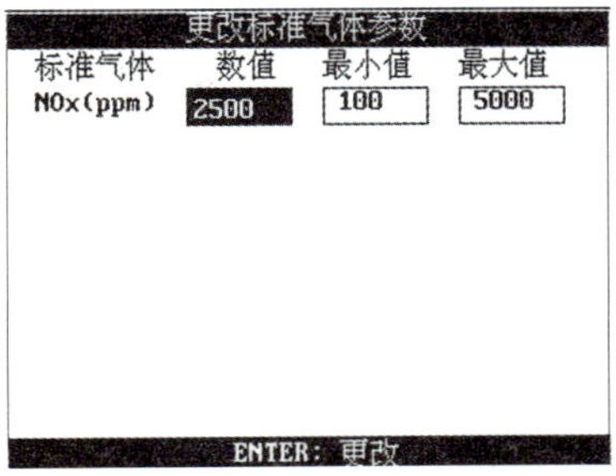

图 4-1-25　两点校正进行校零

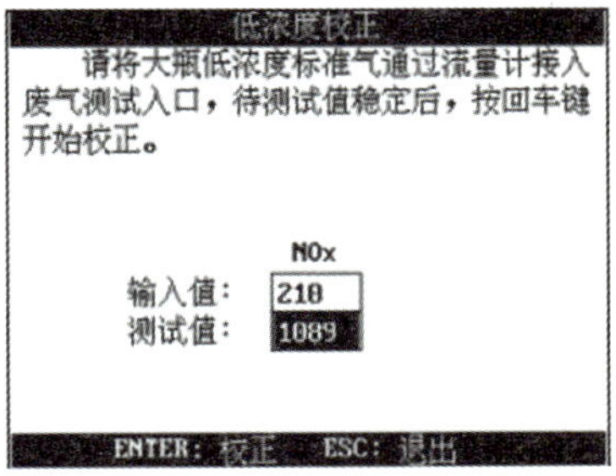

图 4-1-26　输入正确数值

按屏幕提示进行操作，校正成功，显示如图 4-1-27 所示。

低点校正成功后，按“ENTER”键，传感器校零，校零完毕后，继续进行高点校正，屏幕显示如图 4-1-28 所示。

图 4-1-27　低浓度校正

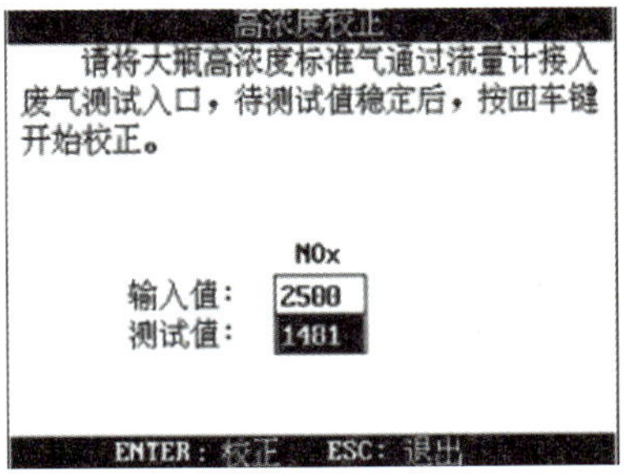

图 4-1-28　传感器校零

按屏幕提示进行操作，校正成功，屏幕显示如图 4-1-29 所示。校正成功后，按“ESC”键返回。

4．O_2 传感器校正

在仪器校正功能菜单中，按“4”键选择“4．O_2 传感器校正”，屏幕提示输入密码，输入密码后按“ENTER”键，仪器自动进行校零，校零完成后，屏幕显示如图 4-1-30 所示。

图 4-1-29　校正成功

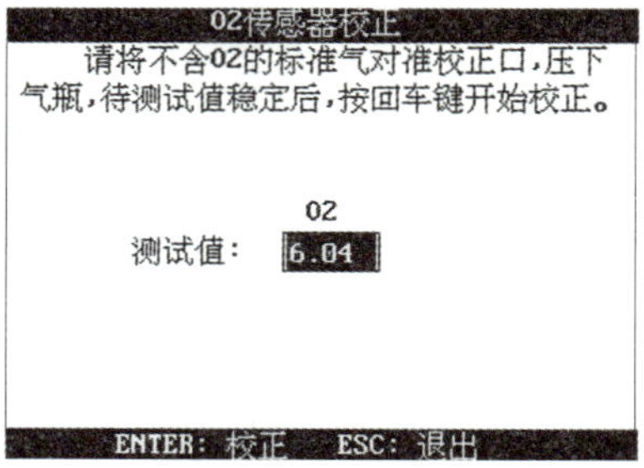

图 4-1-30　氧传感器校零

当 O_2 测试值小于 1.0 并且稳定后，按“ENTER”键进行氧传感器校正。校正成功，屏幕显示如图 4-1-31 所示。

图 4-1-31　校正成功

校正完成后，按“ENTER”键，根据当地大气中的含氧量进行氧传感器校正，屏幕显示如图 4-1-32 所示。校验成功，屏幕显示如图 4-1-33 所示。校正完毕，按“ESC”键退出。

图 4-1-32　氧传感器校正

图 4-1-33　校正成功

（三）检测步骤

连接好排气分析仪的电源后，打开排气分析仪后部的电源开关，此时系统启动，经过系统自检后进入测试功能主菜单，如图 4-1-34 所示。测试功能主菜单共有 6 项：1—废气测试；2—历史记录查询；3—仪器校正；4—标准数据库；5—联机通讯；6—系统信息设置。按对应的数字键，选择所要测试的功能。

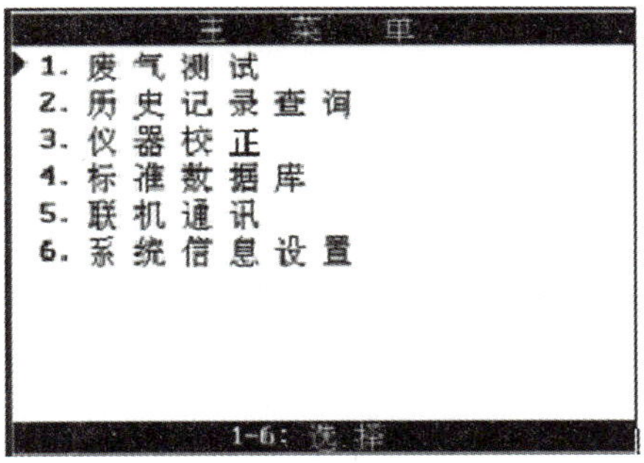

图 4-1-34　测量功能主菜单

提　示

进行功能选择时，直接按对应的数字键或按“▲”“▼”键将光标指向所要测试的项目，再按“ENTER”键，都可选择所要测试的功能。

1. 废气测试

在测试功能主菜单中，按数字键“1”选择“1. 废气测试”功能，如果排气分析仪还在预热校零阶段，屏幕将显示预热时间，如图 4-1-35 所示。

仪器完成预热并自动调好零位后，VEA-501 要求用户选择发动机点火方式，这主要是为了准确地测量发动机转速（RPM），屏幕显示如图 4-1-36 所示。

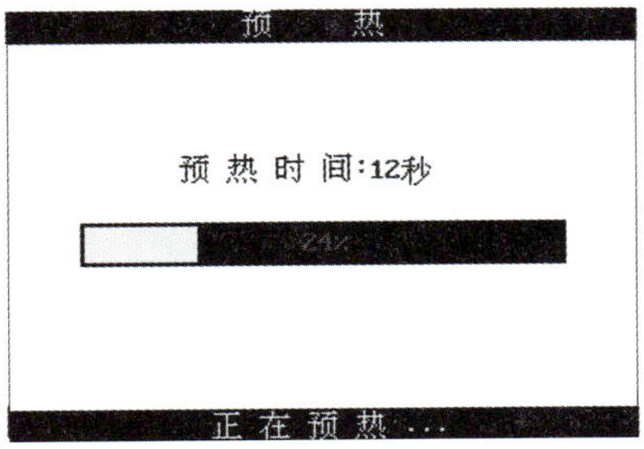

图 4-1-35　显示预热时间

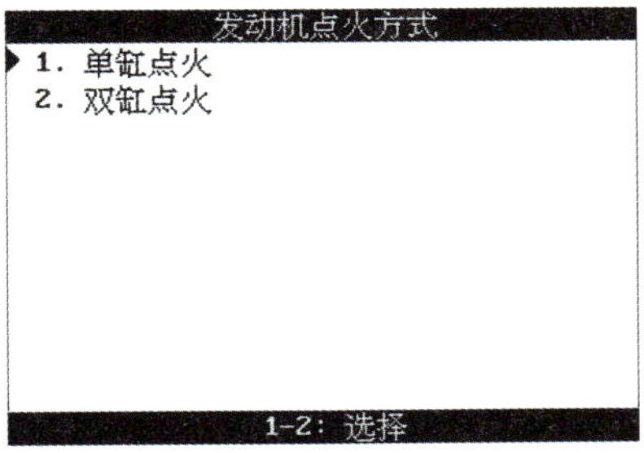

图 4-1-36　点火方式选择

注　意

在预热期间，分析仪不响应其他任何按键命令（但按“ESC”键可以退出）。预热时间小于 8 min。

根据所测汽车的点火方式进行选择。如果所测车辆为单缸点火，则按数字键“1”选择“1．单缸点火”方式，屏幕显示废气测试功能菜单，如图 4-1-37 所示。

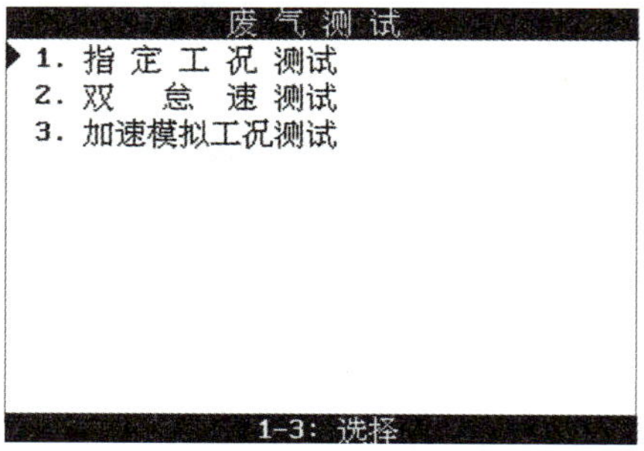

图 4-1-37　废气测试功能菜单

（1）指定工况测试

在废气测试功能菜单中，按数字键“1”选择“1．指定工况测试”功能，屏幕将提示输入车牌号。输入车牌号时，每个数字键对应几个英文字母，连续快速按键，依次出现不同的数字和字母，直到所需的字母出现后等待几秒钟，系统自动确认该字母。按“BACK SPACE”键可以删除光标前的一个字母或数字。数字键对应的英文字母如表 4-1-3 所示。

表 4-1-3　数字键对应的英文字母

1→　→空格	2→A→B→C
3→D→E→F	4→G→H→I
5→J→K→L	6→M→N→O
7→P→Q→R→S	8→T→U→V
9→W→X→Y→Z	0

输入所测车辆的车牌号后，VEA-501 要求用户选择测试结果显示的模式，有数字显示、曲线显示和直方图显示可供选择，如图 4-1-38 所示。

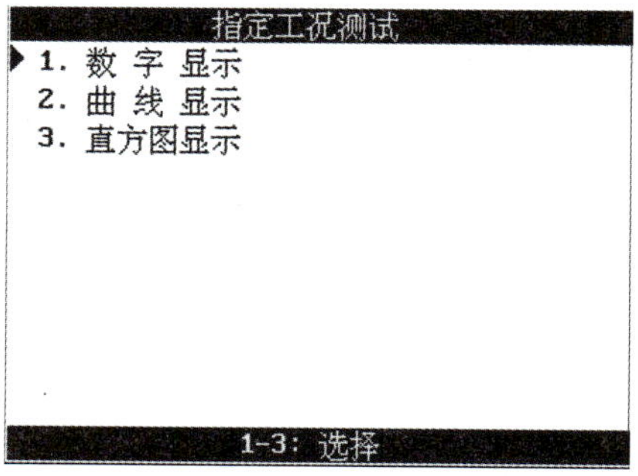

图 4-1-38　选择测试结果显示模式

1）数字显示

按数字键“1”选择“1．数字显示”，屏幕显示如图 4-1-39 所示。

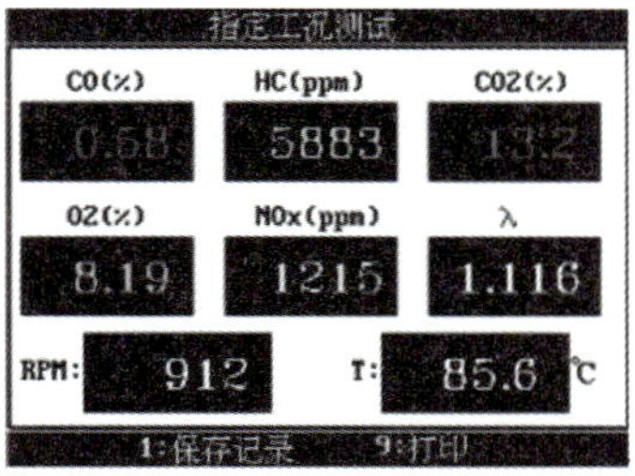

图 4-1-39　数字显示

五种气体、λ（空燃比）、发动机转速及机油温度的测试值分别显示在对应的方框内。按数字键“9”打印当前测试结果，按数字键“1”开始保存数据，如图 4-1-40 所示。仪器自动保存最后 100 s 的测试数据，每秒钟一组数据。保存时，按数字键“9”打印当前测试结果，按“ESC”键停止保存并显示保存记录，如图 4-1-41 所示。

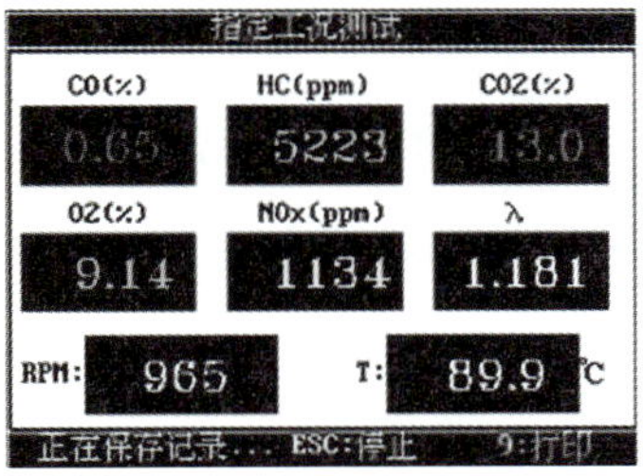

图 4-1-40　显示测试值

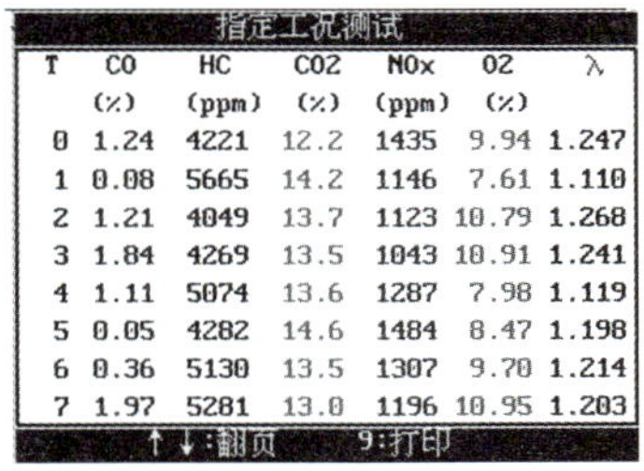

图 4-1-41　显示保存数据

每页最多存储 8 条，按“▲”“▼”键进行翻页；按数字键“9”打印当前页测试记录，按“ESC”键返回。

2）曲线显示

按数字键“2”选择“2．曲线显示”，屏幕显示如图 4-1-42 所示。

五种气体的曲线随浓度不同而变化，同时以数字的方式显示各气体含量的当前值，屏幕的右下部显示的是 λ 值（空燃比）、发动机转速及机油温度。按数字键“9”打印当前测试结果，按数字键“1”开始保存当前测试结果，屏幕显示如图 4-1-43 所示。

最多可保存 100 条记录。保存时，按数字键“9”打印当前测试结果，按“ESC”键停止保存并显示保存的数据，如图 4-1-44 所示。

每页最多存储 8 条，按“▲”“▼”键进行翻页，按数字键“9”打印当前页测试记录，按“ESC”键返回。

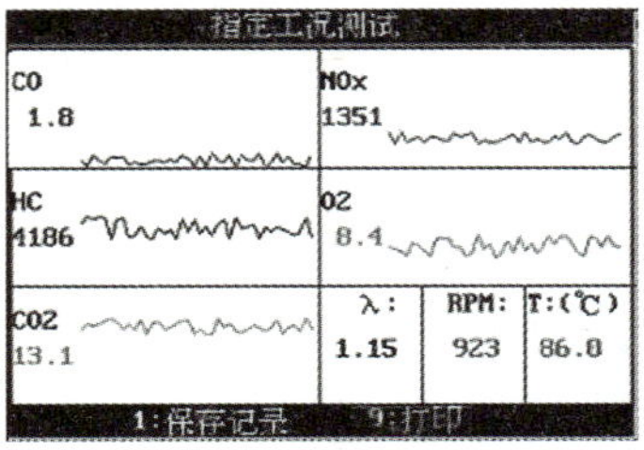

图 4-1-42 曲线显示

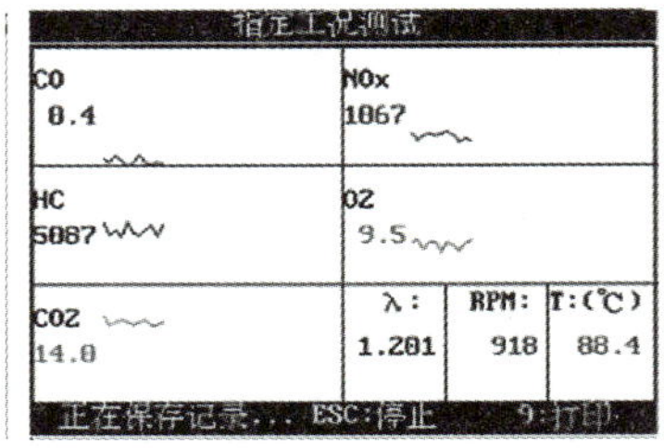

图 4-1-43 当前测试结果

3）直方图显示

按数字键“3”选择“3. 直方图显示”，此时汽车按用户指定工况运行，屏幕显示如图 4-1-45 所示。从左至右依次以直方图的形式动态显示 CO，HC，CO_2，NO_x，O_2，λ 的测量值。

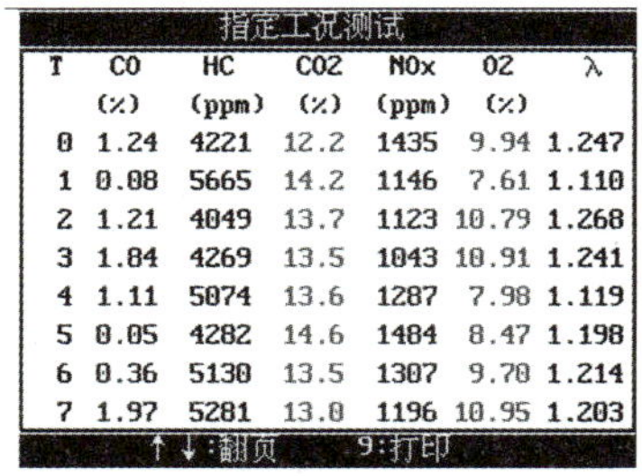

指定工况测试

T	CO (%)	HC (ppm)	CO2 (%)	NOx (ppm)	O2 (%)	λ
0	1.24	4221	12.2	1435	9.94	1.247
1	0.08	5665	14.2	1146	7.61	1.110
2	1.21	4049	13.7	1123	10.79	1.268
3	1.84	4269	13.5	1043	10.91	1.241
4	1.11	5074	13.6	1287	7.98	1.119
5	0.05	4282	14.6	1404	8.47	1.198
6	0.36	5130	13.5	1307	9.70	1.214
7	1.97	5281	13.0	1196	10.95	1.203

↑↓:翻页 9:打印

图 4-1-44 显示保存的数据

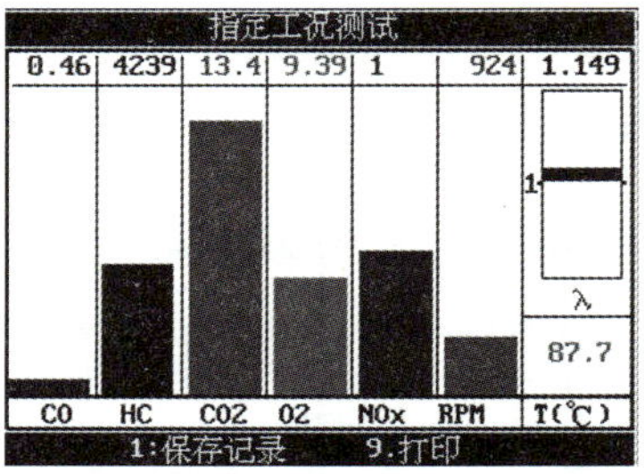

图 4-1-45 直方图显示

空燃比（AFR）是指可燃混合气中空气与燃料的质量比。理论上，1 kg 汽油完全燃烧需要空气 14.75 kg。故对于汽油机而言，空燃比为 14.75 的可燃混合气为理论混合气，其 λ 值为 1。若可燃混合气的空燃比小于 14.75，则意味着其中汽油含量有余（亦即空气量不足），可称之为浓混合气，其 λ 值小于 1；反之，空燃比大于 14.75 的可燃混合气则可称为稀混合气，其 λ 值大于 1。应当指出，对于不同的燃料，其理论空燃比数值是不同的。

在该菜单中，依屏幕上方指示，待测试数值稳定后，按数字键“9”可打印当前测试结果，按数字键“1”开始保存数据，屏幕显示如图 4-1-46 所示。

仪器自动保存最后 100 组数据，保存时，按数字键“9”打印当前测试记录，然后按“ESC”键停止保存并显示保存的数据，如图 4-1-47 所示。

每页最多存储 8 条，按“▲”“▼”键进行翻页，按数字键“9”打印当前页测试记录，按“ESC”键返回。

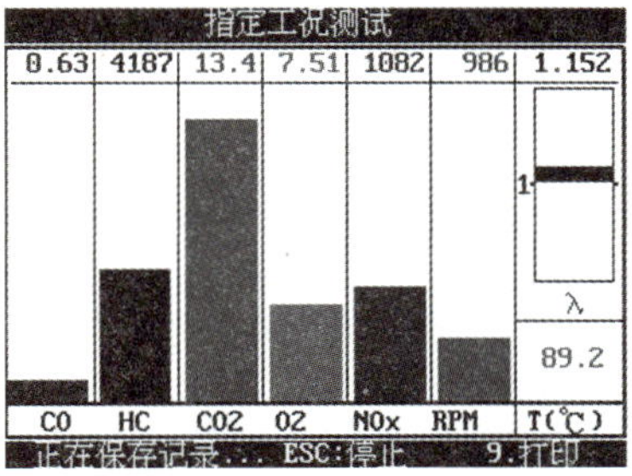

图 4-1-46　开始保存数据

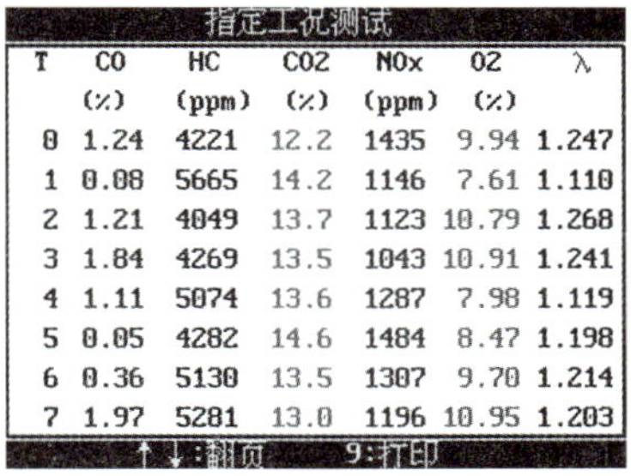

图 4-1-47　显示保存数据

（2）双怠速测试

在废气测试功能菜单中，按数字键“2”选择“2. 双怠速测试”功能，屏幕将提示输入车牌号、怠速值、额定转速，如图 4-1-48 所示。

输入所测车辆的车牌号、怠速值、额定转速后，按“ENTER”键，屏幕显示提示用户选择车辆类型，如图 4-1-49 所示。

图 4-1-48　废气测试功能菜单

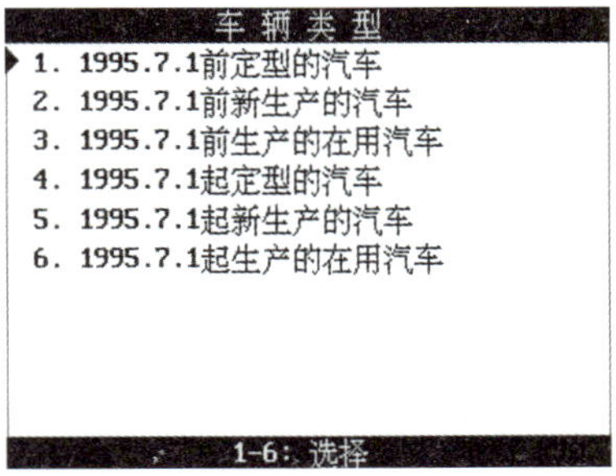

图 4-1-49　选择车辆类型

按数字键选择所测车辆的类型后，屏幕提示用户选择车辆总质量，如图 4-1-50 所示。

按数字键选择所测车辆的总质量后，屏幕提示用户选择汽车发动机冲程数，如图 4-1-51 所示。

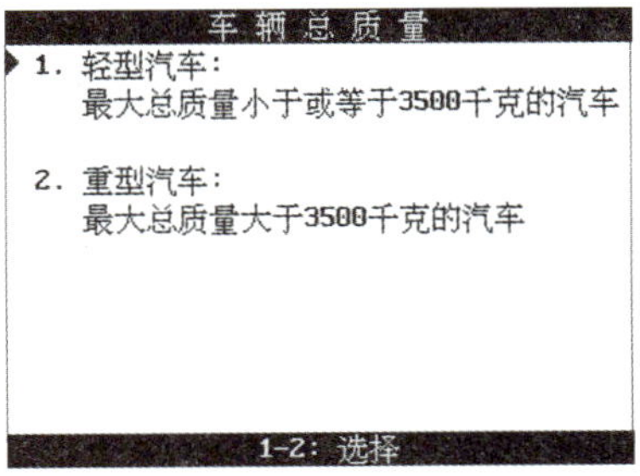

图 4-1-50　选择车辆总质量

图 4-1-51　选择车辆冲程数

按数字键选择所测车辆的发动机冲程数后，屏幕提示用户进行测量前的准备工作，如

图 4-1-52 所示。

完成准备工作后，按“ENTER”键继续，屏幕显示如图 4-1-53 所示。

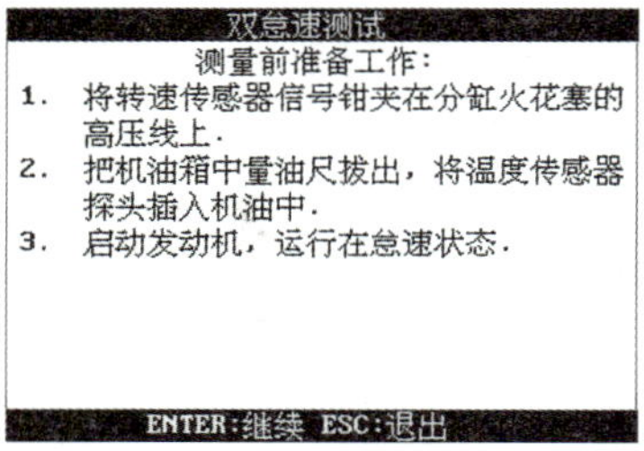

图 4-1-52　测量前准备

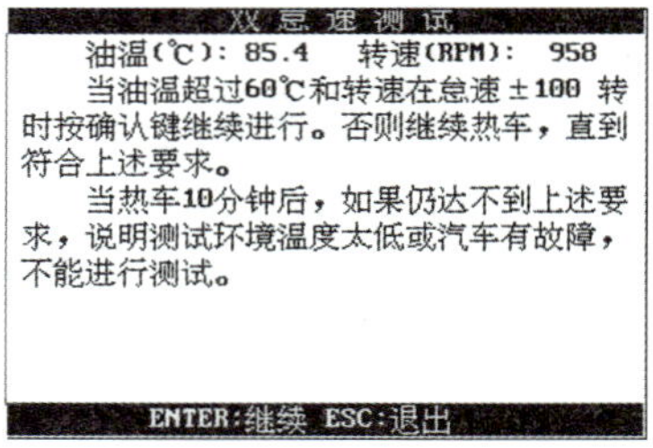

图 4-1-53　显示温度和速度

当油温和转速达到测试要求后，按“ENTER”键继续，屏幕显示如图 4-1-54 所示。

将发动机转速调到 0.7 倍额定转速并待其稳定后，按“ENTER”键继续，屏幕显示如图 4-1-55 所示。

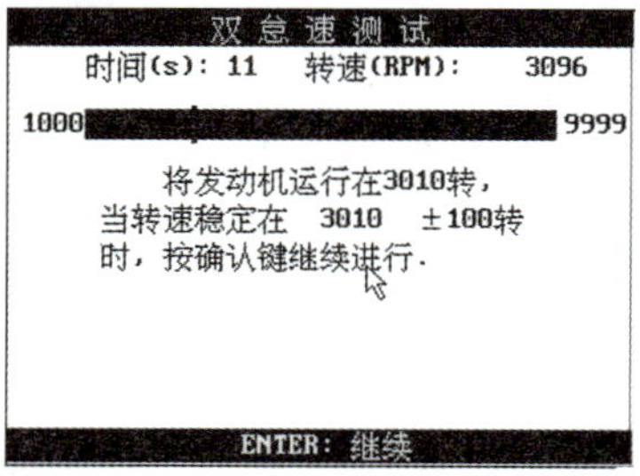

图 4-1-54　控制转速

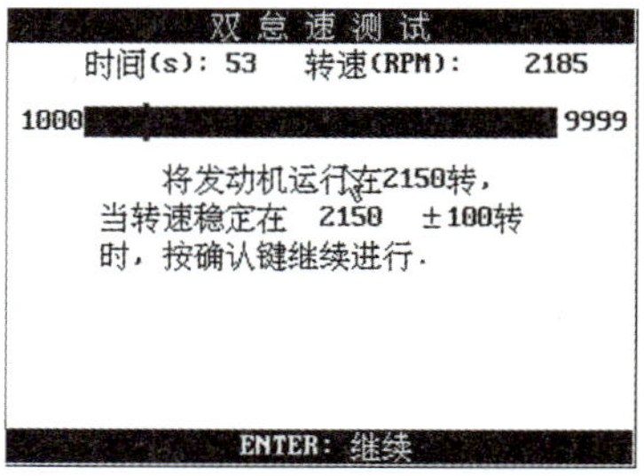

图 4-1-55　稳定转速

将发动机转速调到 0.5 倍额定转速并待其稳定后，按“ENTER”键继续，屏幕显示如图 4-1-56 所示。

将发动机转速调到怠速值并待其稳定后，按“ENTER”键继续，屏幕显示双怠速测试结果，如图 4-1-57 所示。按数字键“9”打印测试结果，按“ESC”键返回。

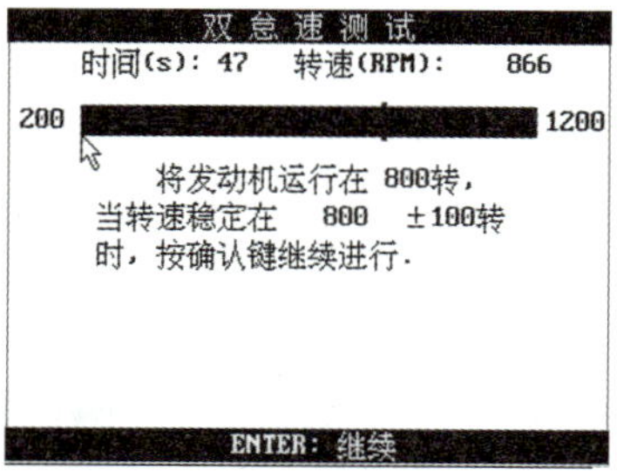

图 4-1-56　稳定转速

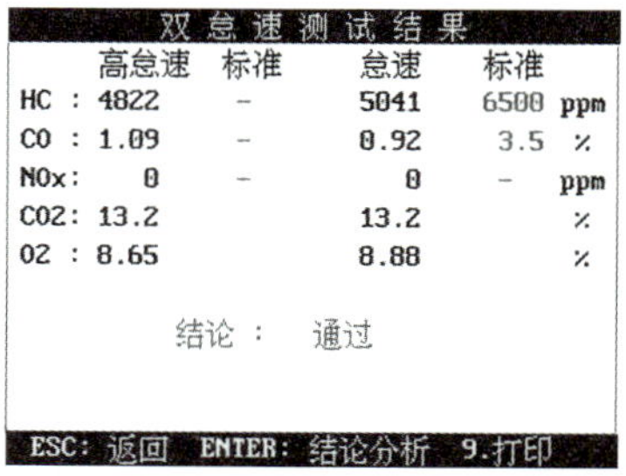

图 4-1-57　显示测试结果

（3）加速模拟工况测试

在废气测试功能菜单中，按数字键“3”选择“3. 加速模拟工况测试”功能，屏幕将提示输入车牌号，如图 4-1-58 所示。

输入所测车辆的车牌号后，按“ENTER”键继续，屏幕提示用户选择车辆类型，如图 4-1-59 所示。

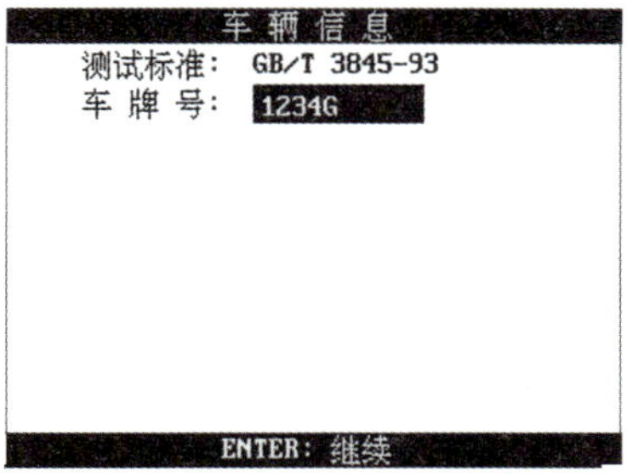

图 4-1-58　输入车牌号

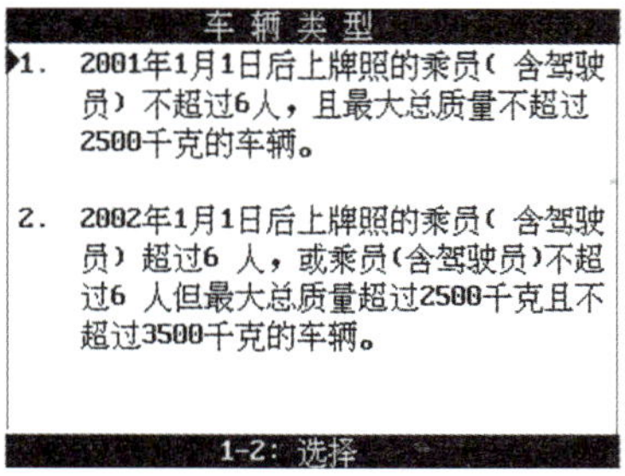

图 4-1-59　选择车辆类型

按数字键选择所测车辆的类型后，屏幕提示用户选择基准质量，如图 4-1-60 所示。

按数字键选择所测车辆的基准质量后，屏幕提示用户进行测试准备工作，用户可以按“▲”“▼”键翻页查看，如图 4-1-61 所示。

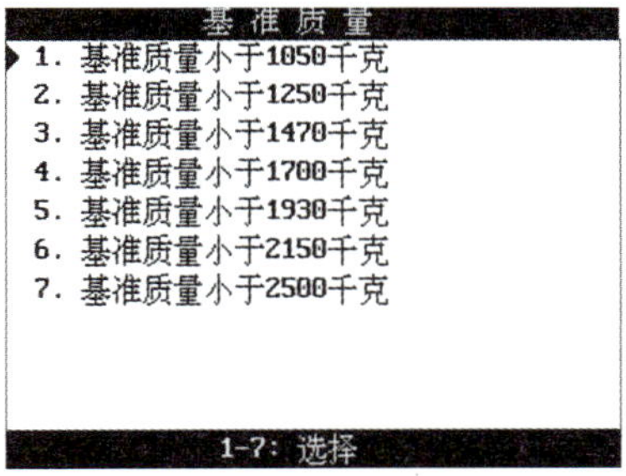

图 4-1-60　选择基准质量

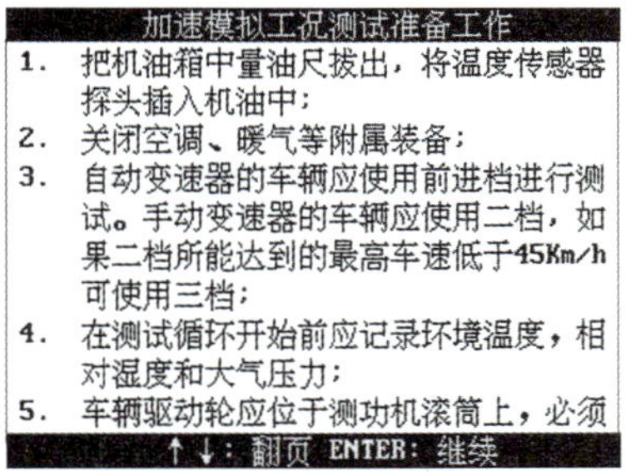

图 4-1-61　测试准备

完成测试准备工作后，按“ENTER”键，屏幕提示测试方法，如图 4-1-62 所示。

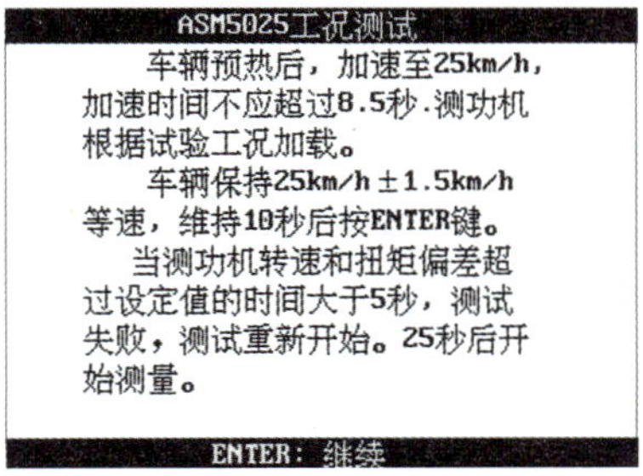

图 4-1-62　ASM5025 工况测试

当车速稳定在 25 km/h 后，按“ENTER”键继续，VEA-501 完成 ASM5025 测试，如果测试合格，则屏幕将显示结果，测试结束；如果测试不合格，将进行 ASM2540 工况测试，屏幕显示如图 4-1-63 所示。

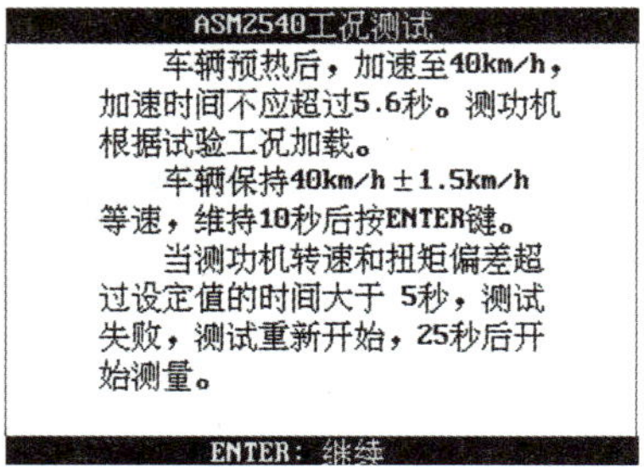

图 4-1-63　ASM2540 工况测试

当车速稳定在 40 km/h 后，按“ENTER”键继续，VEA-501 完成 ASM2540 测试，如果测试合格，屏幕将显示测试结果，测试结束；如果测试不合格，将重新进行 ASM5025 和 ASM2540 工况测试。第二次测试时必须两个工况的测试结果全部合格测试才能通过，任一工况测试不合格，VEA-501 都会结束测试，并断定测试结果不合格。图 4-1-64 所示为某次测试的结果。按数字键“9”打印测试结果，按“ESC”键返回。

在以上三种废气测试的过程中，如果仪器等待 5 min 以上未有按键操作，气泵将自动关闭，如图 4-1-65 所示。

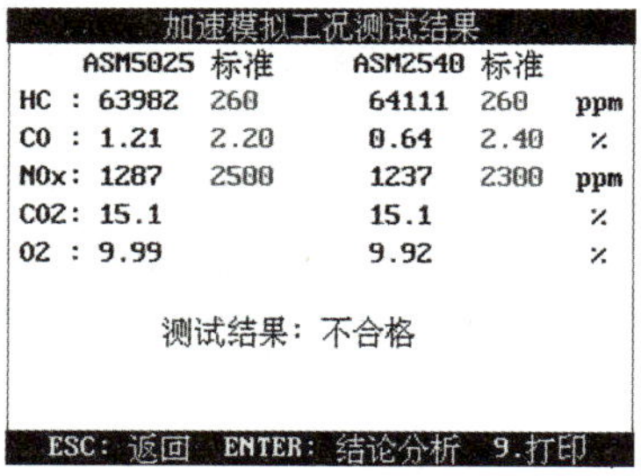

图 4-1-64　测试不合格

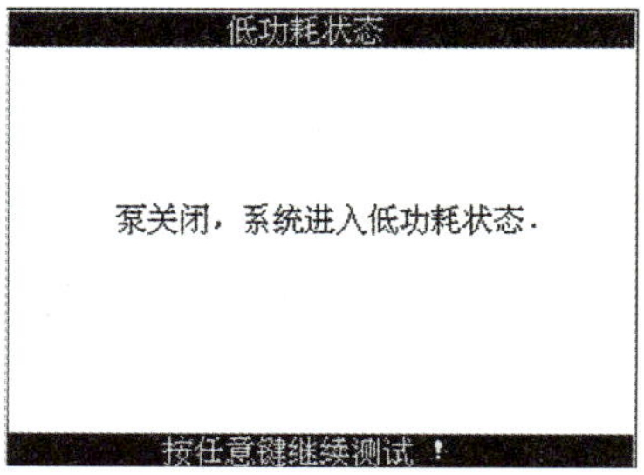

图 4-1-65　气泵自动关闭

按任意键后，气泵将重新打开，并返回测试界面。用户随时可以按“ESC”键返回前一界面。

2. 历史记录查询

该功能主要是为用户提供查询废气测试（包括以前测试）过程中存储的测试数据，包括指定工况测试、双怠速测试、加速模拟工况测试中保存的数据。在测试功能主菜单下，按数字键“2”选择“2. 历史记录查询”功能，屏幕显示如图 4-1-66 所示。

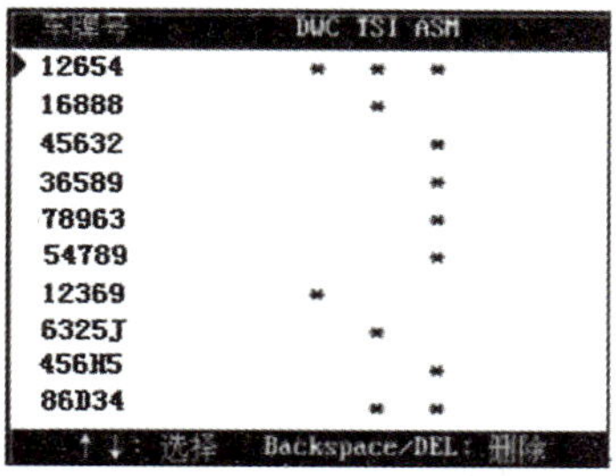

车牌号	DWC	TSI	ASM
12654	*	*	*
16888		*	
45632			*
36589			*
78963			*
54789			*
12369	*		
6325J		*	
456H5			*
86D34		*	*

图 4-1-66　历史记录查询

屏幕中“*”表示在该工况下有测试记录，DWC 表示指定工况测试，TSI 表示双怠速测试，ASM 表示加速模拟工况测试。

按“▲”“▼”选择车牌号，按“ENTER”键开始查询。

按“Backspace/DEL”键可删除所选车辆及其全部记录。

在图 4-1-66 所示的车牌号界面中，按“▲”“▼”键选择车牌号 12369，按“ENTER”键，屏幕显示该车测试时间列表，如图 4-1-67 所示。

按“▲”“▼”键选择测试时间，按“ENTER”键，屏幕将显示存储的测试结果，如图 4-1-68 所示为一个示例。

图 4-1-67　测试时间查询

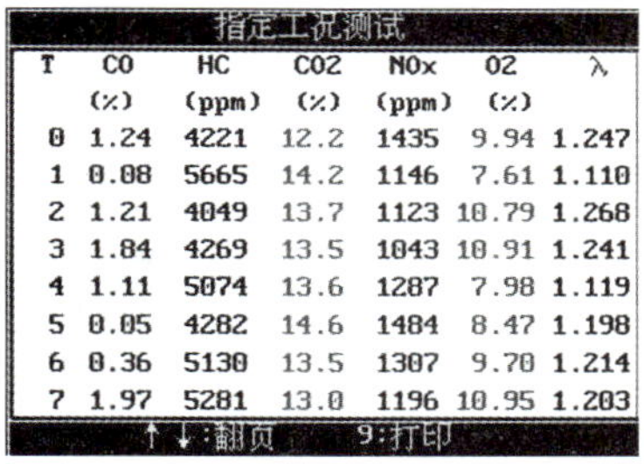

指定工况测试

T	CO (%)	HC (ppm)	CO2 (%)	NOx (ppm)	O2 (%)	λ
0	1.24	4221	12.2	1435	9.94	1.247
1	0.88	5665	14.2	1146	7.61	1.110
2	1.21	4049	13.7	1123	10.79	1.268
3	1.04	4269	13.5	1043	10.91	1.241
4	1.11	5074	13.6	1287	7.98	1.119
5	0.05	4282	14.6	1404	8.47	1.198
6	0.36	5130	13.5	1307	9.70	1.214
7	1.97	5281	13.0	1196	10.95	1.203

图 4-1-68　显示存储测试结果

按数字键“9”打印当前页历史记录，也可进行翻页打印，每页最多可打印 8 条记录。

3．标准数据库

该功能主要为用户提供本仪器采用的测试标准所对应的废气排放限值数据库。在测试功能主菜单中，按数字键“4”选择“4．标准数据库”功能，屏幕显示如图 4-1-69 所示。

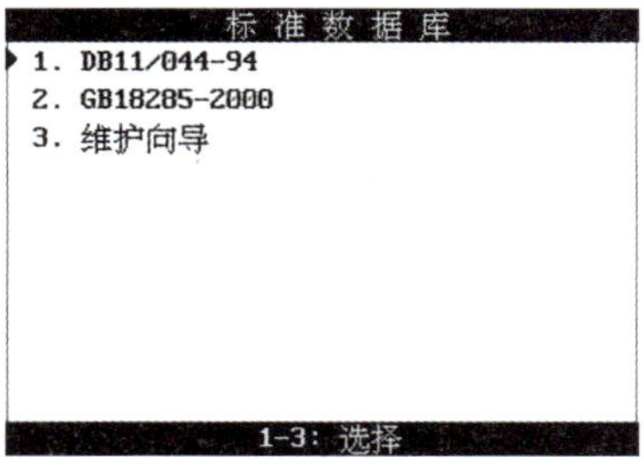

图 4-1-69　标准数据库

用户可根据自己的需要，按照屏幕提示查阅相关标准或维修向导。

4. 系统信息设置

在测试功能主菜单中，按数字键“6”选择“6. 系统信息设置”，屏幕显示如图 4-1-70 所示。

➢ 系统信息：可显示本系统软件版本号和产品序列号，如图 4-1-71 所示。

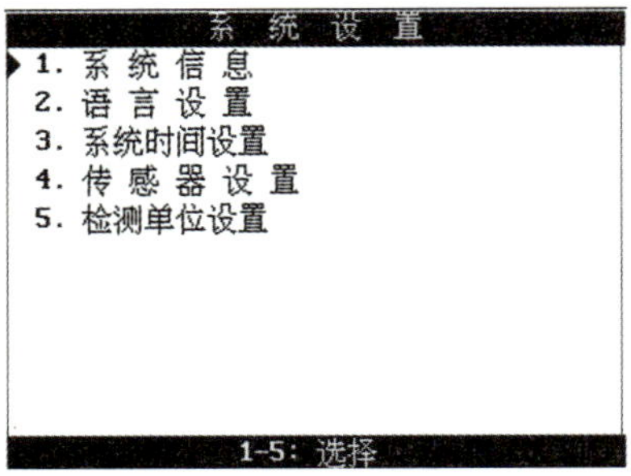

图 4-1-70 系统信息设置菜单

图 4-1-71 显示产品序列号

➢ 语言设置：可设置系统语言，中文和英文等。

➢ 系统时间设置：可更改系统时间。

➢ 传感器设置：此功能仅提供给设备维护人员使用，具体设置方式如下。

按数字键“1”选择“1. O_2，NO_x 传感器设置”，屏幕提示输入密码，输入密码后，按“ENTER”键，即可进行 O_2，NO_x 传感器的设置，如图 4-1-72 所示。

图 4-1-72 传感器设置

按数字键“2”选择“2. 设置 O_2 含量”，屏幕显示如图 4-1-73 所示。输入当地大气中 O_2 的含量，按“ENTER”键确认，按“ESC”键返回。

➢ 检测单位设置：用于输入检测站名称，屏幕显示如图 4-1-74 所示。

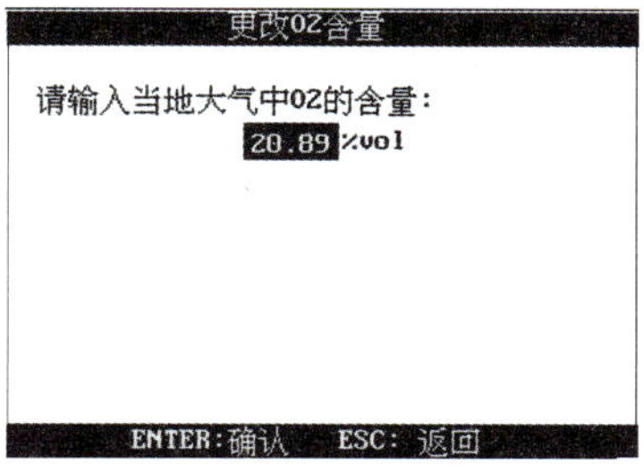

图 4-1-73　设置氧含量

图 4-1-74　输入检测站名称

四、实施检测作业

使用测试仪对汽油发动机废气进行检测，完成任务一的检测工作，如表 4-1-4 所示。

表 4-1-4　汽油发动机废气检测作业

<table>
<tr><td colspan="4">王先生驾驶一辆 2006 别克轿车，为顺利通过车辆年检，王先生在 4S 店维护车辆时，让维修人员对汽车尾气进行检测，从而在年检前对自己车的尾气排放有大致了解</td></tr>
<tr><td colspan="2" rowspan="2">1．车辆故障现象的描述及检验确认</td><td>故障描述</td><td>进行废气检测</td></tr>
<tr><td>检验确认</td><td>使用 VEA-401/501 型排气分析仪进行检验确认</td></tr>
<tr><td rowspan="7">2．汽油发动机废气检测</td><td>检测项目</td><td>作业要领</td><td>测试记录</td></tr>
<tr><td></td><td></td><td></td></tr>
<tr><td></td><td></td><td></td></tr>
<tr><td></td><td></td><td></td></tr>
<tr><td></td><td></td><td></td></tr>
<tr><td></td><td></td><td></td></tr>
<tr><td></td><td></td><td></td></tr>
</table>

五、检验与评估

任务一完成情况的检验评估表如表 4-1-5 所示。

表 4-1-5 任务一的检验与评估

评价指标	检验说明		检验记录		
维护检查项目					
车辆运行情况					
评价内容	检验指标	权重	自评	互评	总评
检查任务完成情况	1．完成任务过程情况				
	2．任务完成质量				
	3．在小组完成任务过程中所起作用				
专业知识	1．能描述排气分析仪的作用				
	2．能描述废气测量的标准				
	3．能描述排气分析仪的使用注意事项				
	4．能描述排气分析仪的操作步骤				
	5．能描述排气分析仪作业安全事项				
职业素养	1．学习态度：积极主动参与学习				
	2．团队合作：与小组成员一起分工合作，不影响学习进度				
	3．现场管理：服从工位安排，执行实训室“5S”管理规定				
综合评议与建议					

六、项目拓展

VEA-501 型排气分析仪常见问题分析

（一）O_2 传感器

由于 O_2 传感器是采用电化学的检测方法，且具有寿命限制（大约为 1 年左右），因此在使用过程中，输出信号会逐渐减弱直到完全不能使用。如果排气分析仪检测到 O_2 传感器的信号低于某个范围，屏幕就会显示“O_2 传感器校零错误”，提醒用户更换 O_2 传感器（此时的 O_2 传感器还可以使用一段时间）。打开排气分析仪的外壳，更换新的 O_2 传感器（新的 O_2 传感器在不更换时不要打开密封盒，以免影响 O_2 传感器使用寿命）。

更换完 O_2 传感器后，重新开机，分析仪预热时会利用空气中的氧气对 O_2 传感器自动进行校正。

（二）废气流量偏低、阻塞

若排气分析仪屏幕显示“废气流量偏低，阻塞”，则是由于分析仪的进气系统被汽车废气中的粉尘和油污等异物堵塞，导致进气系统的进气流量大大降低，仪器检测到进气量太小，从而提示用户气路阻塞。

此时用户必须关闭仪器电源，依次检查取样探头、取气软管、各通气软管是否堵塞，滤纸式过滤器和水气分离器中的过滤器是否需要更换，排除可能导致进气阻塞的故障，重新开机即可恢复正常操作。

（三）传感器需校正

由于仪器在使用过程中会产生漂移和老化，如果传感器的漂移值过大，屏幕就会显示“传感器需校正”，请用标准气体重新校正排气分析仪一次。

（四）传感器校零错误

仪器的传感器校零调整是由仪器内部程序自动进行的，如果零位的调整范围超过内部程序设定的范围，屏幕将显示传感器校零错误，可能是由光源器件老化或损坏造成的。

（五）流量超量程错误

流量超量程错误的一种原因可能是废气浓度超过仪器的测试范围，此时应将探头从排气管中取出，置于空气中让原测试气体逐渐排出，使仪器的指示范围恢复正常。

另一种原因可能是传感器校正时，标准气体标称值输入不正确，请重新进行气体校正或 NO_x 传感器校正。

（六）NO_x 传感器

由于 NO_x 传感器和 O_2 传感器一样是采用电化学的检测方法，并且也具有寿命限制（大约为 1 年左右），因此在使用过程中，输出信号会逐渐减弱直到完全不能使用。如果排气分析仪检测到 NO_x 传感器的信号低于某个范围，屏幕就会显示“NO_x 传感器……”，提醒用户更换 NO_x 传感器（此时的 NO_x 传感器还可以使用一段时间）。打开排气分析仪的铁盖，更换新的 NO_x 传感器（新的 NO_x 传感器在不更换时不要打开密封盒，以免影响 NO_x 传感器使用寿命）。

更换完 NO_x 传感器后，必须进行新 NO_x 传感器校正。

（七）O_2 测量值偏大

可能是整个气路系统某处漏气，导致大气进入气路中造成 O_2 含量增大。此时应进行“气路泄漏自检”操作，当提示“气路有泄漏，请关闭电源检查气路”时，逐步检查取样探头组件、取气软管、仪器内部导管等是否有泄漏，气路中各部件连接是否不牢固。

任务二　柴油发动机废气检测

任务导入	刘先生在驾车时发现他的汽车排气管冒黑烟，送入维修厂进行检查
任务目标	掌握不透光烟度计（NHT-1）的使用方法 能够根据测量参数判断发动机的故障原因
任务实施	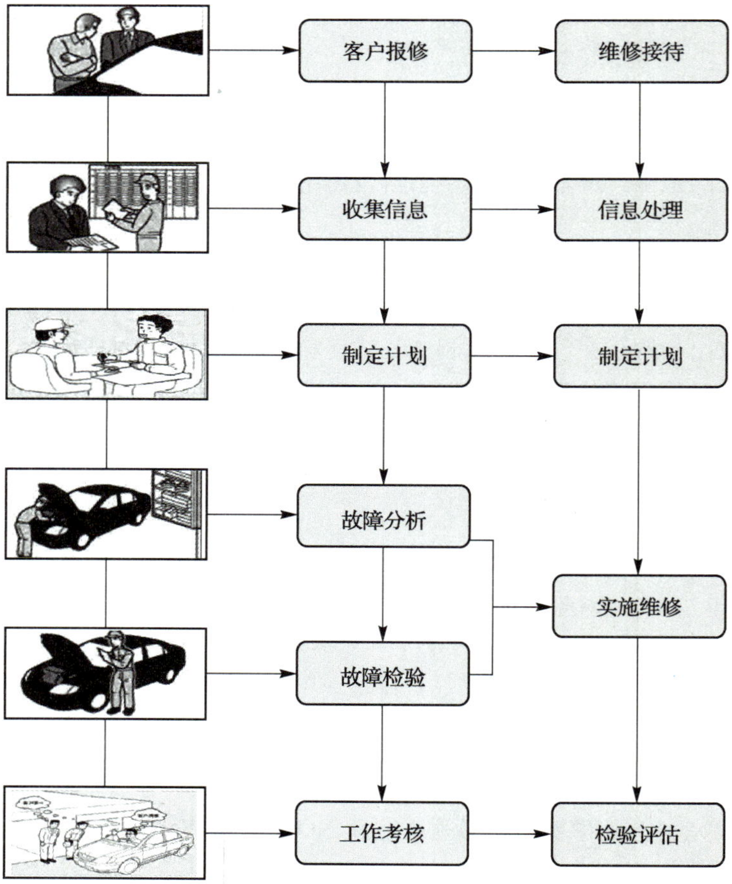

一、维修接待

按照表 4-2-1 进行任务二的维修接待，并准确填写接车问诊表。

表 4-2-1　维修接待与接车问诊表

1. 通过询问客户了解车辆使用情况，填写接车问诊表
2. 车间检测初步确认结果：进行废气检测

接 车 问 诊 表

车牌号：__________　车架号：__________　行驶里程：______（km）

用户名：__________　电　话：__________　来店时间：___/___

用户陈述：一辆白色面包车冒着黑烟

接车员检测确认建议：进行废气检测确认

车间检测确认结果及主要故障零部件：进行废气检测确认

车间检查确认者：

外观确认：

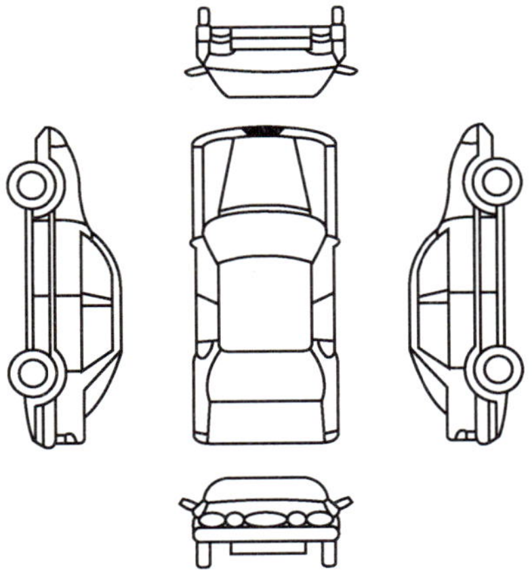

（请在有缺陷部位作标识）

功能确认：（工作正常 √　不正常 ×）

□音响系统　□门锁（防盗器）□全车灯光

□工具　□后视镜　□天窗　□座椅

□点烟器　□玻璃升降器　□玻璃

物品确认：（有 √　无 ×）

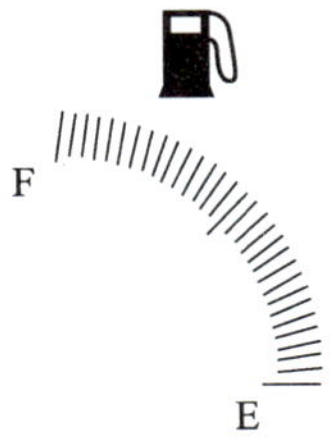

贵重物品提示

□工具　□备胎　□灭火器

□其他（　　　　）

旧件是否交还用户　□是　□否

用户是否需要洗车　□是　□否

• 检测费说明：本次检测的故障如用户在本店维修，检测费包含在修理费用内；如用户不在本店维修，请您支付检测费。本次检测费：¥______元

• 贵重物品：在将车辆交给我店检查修理前，已提示将车内贵重物品自行收起并保存好，如有遗失恕不负责

接车员：______________　用户确认：______________

二、信息收集与处理

（一）仪器的主要技术性能

本任务选用的检测仪为 NHT-1 型不透光烟度计。

NHT-1 型不透光烟度计是用于检测压燃式发动机（柴油机）排气中可见污染物的便携式智能化仪器。它采用了先进的测量技术及国外先进的测量部件，适合于环境保护部门、机动车检测站、发动机制造厂、汽车制造厂、汽车修理厂等单位使用。

1．额定使用条件

① 环境温度：5～40℃；

② 相对湿度：＜95%；

③ 电源电压：187～242 V，误差≤±10%；

④ 电源频率：50 Hz±10 Hz，误差≤±1%；

⑤ 最大消耗功率：200 W。

2．主要参数

（1）测量范围

① 不透光度：0～99.9%；

② 光吸收系数：0～16.0 m^{-1}；

③ 转速：300～9 999 rpm；

④ 油温：–50～200℃；

（2）分辨力

① 不透光度：0.1%；

② 光吸收系数：0.01 m^{-1}；

③ 转速：1 rpm；

④ 油温：1℃。

（3）示值允许误差

① 不透光度：±2.0%（绝对误差）；

② 转速（压电式）：±1.0%（相对误差）；

③ 油温：±2℃（绝对误差）。

3．结构组成

不透光烟度计主要由测量单元、控制单元、取样探头和连接电缆等组成，如图 4-2-1 所示。

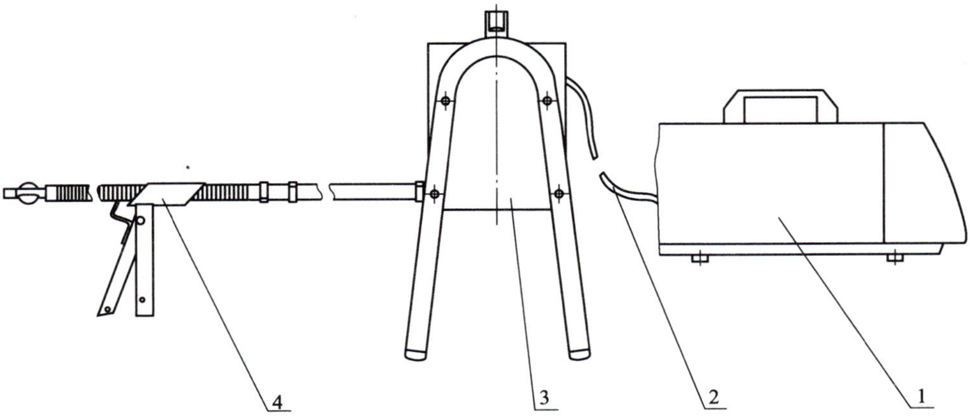

1—控制单元；2—连接电缆；3—测量单元；4—取样探头

图 4-2-1　不透光烟度计的组成

（1）控制单元

控制单元前面板的布置及各部分的名称如图 4-2-2 所示.

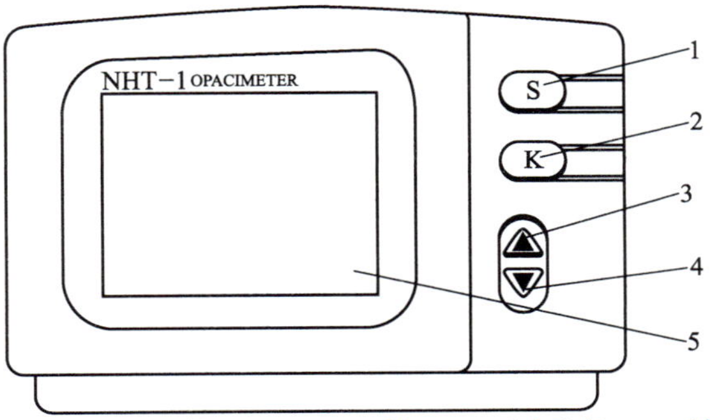

1—“S”键；2—“K”键；3—“↑”键；4—“↓”键；5—液晶显示屏

图 4-2-2　控制单元前面板布置图

控制单元后面板的布置及各部分的名称如图 4-2-3 所示，其各部分的功用如下。

- “打印/通信”转换开关：使仪器在“本机打印”或“与外部计算机通讯”间切换。
- 测量接口：用于连接信号电缆，接收来自测量单元的检测数据信号。
- 交流 220V 输出插座：用于连接电源电缆，将 220 V 交流电源输出给测量单元。
- 电源插座及开关：输入 220 V 交流供电电源，开关用于接通或断开电源，内装 3 A 保险管和电源噪声滤波器。
- 通信接口：与外部计算机通讯的 RS232 串行接口。
- 微型打印机（选购件）：可打印每次测量结果的数据。
- 油温测量接口：用于输入油温测量信号。
- 转速测量接口：用于输入转速测量信号。

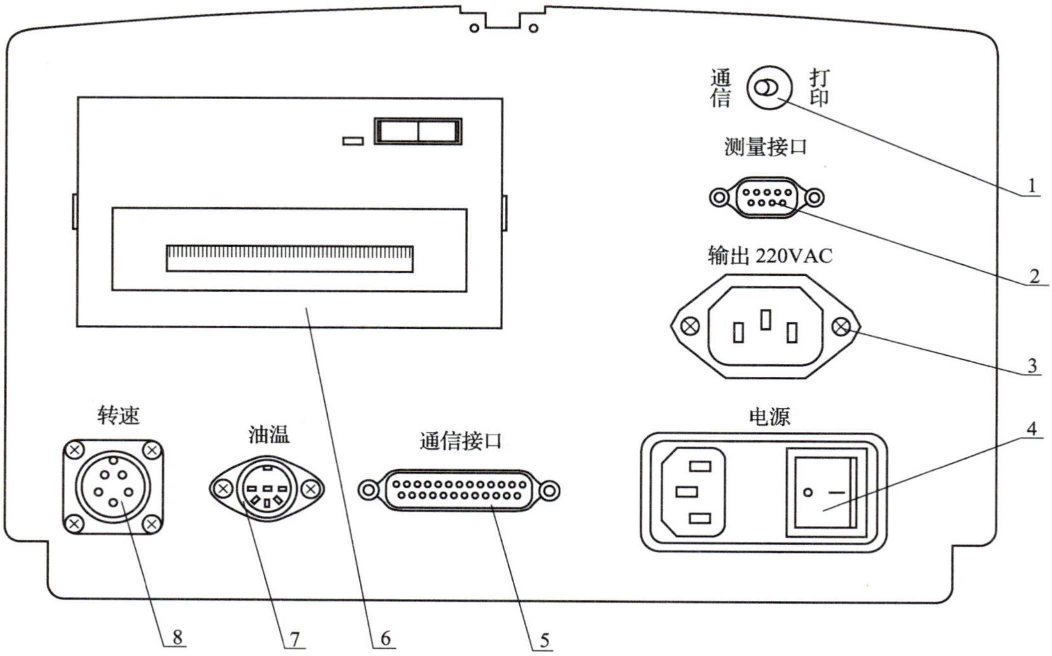

1—“打印/通信”转换开关；2—测量接口；3—220V 输出插座；4—电源插座及开关；5—通信接口；6—微型打印机（选购件）；7—油温测量接口；8—转速测量接口

图 4-2-3 控制单元后面板布置图

（2）测量单元

测量单元顶面和侧面的布置及各部分的名称如图 4-2-4 所示。

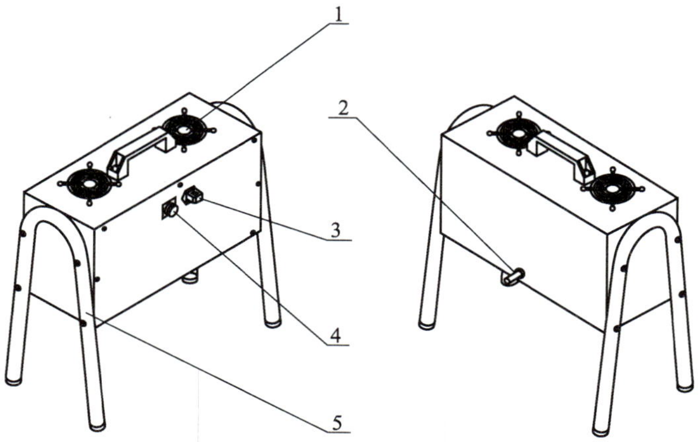

1—风扇；2—排烟入口；3—交流电源输入插座；4—测量信号接口插座；5—支架

图 4-2-4 测量单元

测量单元各部分的功能如下。

➢ **风扇**：清洁空气由此进入，并形成保护气幕。

- **排烟入口：**与取样探头的导管相连，被测车辆的排烟由此进入测量单元。
- **电源输入插座：**用于连接电源电缆，接受控制单元输出的交流电源。
- **测量信号接口插座：**用于连接信号电缆，向控制单元输出检测数据信号。
- **支架：**支撑测量单元并使其高于地面一段距离，以便测量后的排烟和保护气幕的空气排出。

（二）烟度排放技术要求

烟度排放标准：不大于 4.5 Rb。

（三）检测中的注意事项

① 供仪器使用的电源插座应有可靠的保护地线，以保证操作人员和仪器的安全。

② 在测量过程中，切勿将测量单元倒置或倾侧，否则将会影响测量结果。另外，搬动或移动测量单元时，应使用测量单元上的把手，而不应拉扯测量单元的连接电缆，避免使其从测量单元的接口插座上脱出。为防止以上情况发生，最好把连接电缆用扎带绑于测量单元的支架上。如果控制单元与测量单元之间的连接电缆没有接好，显示屏的状态栏会出现提示："通信错误，请重试"，这时用户应检查测量信号电缆或电源电缆是否连接好。

③ 预热期间，请勿将取样探头放在车辆的排气管中，而应放在清洁的空气中，以便预热后仪器能正确自动校准。预热期间若按"S"键，仪器将终止预热，提前进入工作状态。但是预热时间不足，将会引起仪器的零位漂移和示值误差超差。

④ 测量过程中如果要返回主菜单或进行打印操作，在按"S"键（退回主菜单）或按"K"键（打印结果）前，必须先按一下"↓"键终止测量过程。

（四）想一想

1．描述不透光烟度计的作用。

2．柴油车尾气中都含有什么？

3．汽车尾气都有哪些危害？

4．不透光烟度计都能进行哪些测试？

5．不透光烟度计与烟度计的异同有哪些？

6．不透光烟度计的测量标准是多少？

三、制定检测计划

（一）测试前仪器准备

① 将支架安装在测量单元上。

② 将取样探头的导管套在测量单元的排烟入口上，并拧紧导管卡箍上的螺钉，防止结合部位漏气。

③ 用测量信号电缆连接测量单元及控制单元的测量信号接口。

④ 用电源电缆连接测量单元的电源输入插座及控制单元的电源输出插座。

⑤ 用连接电缆连接转速测量接口与转速传感器。

⑥ 将油温探头的电缆插头插入油温测量接口。

⑦ 把电源线的插头插入控制单元的电源插座上，并注意检查仪器接地是否良好。供仪器使用的电源插座应有可靠的保护地线，以保证操作人员和仪器的安全。

⑧ 仪器按以上步骤安装完成后，可接通电源开关进行预热，仪器显示界面如图 4-2-5 所示。它显示仪器的型号、名称以及版本号，图形下部是状态提示区。仪器刚进入此界面时，显示“正在检测，请稍等”，然后开始预热，提示转换为“正在预热”，提示后面是以倒计时方式显示的剩余预热时间，预热时间为 15 min。在预热期间，可以使用“↑”“↓”键调整液晶显示屏的亮度。预热倒计时结束后，仪器将进行自动校准，并进入主菜单界面。

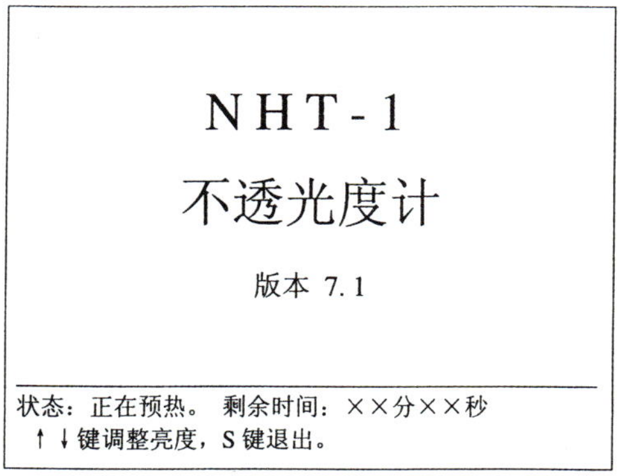

图 4-2-5 预热界面

（二）检测步骤

1. 实时测试

① 仪器接通电源预热后，自动进入主菜单界面，如图 4-2-6 所示。此时可使用“↑”“↓”键将光标“→”移至“实时测试”菜单项前，按“K”键确认后，仪器将进入实时测试界面，如图 4-2-7 所示。在该界面下可进行加载稳速试验和单次自由加速试验，并动

态显示不透光度（N）、光吸收系数（K）、转速和油温的瞬时值和最大值。

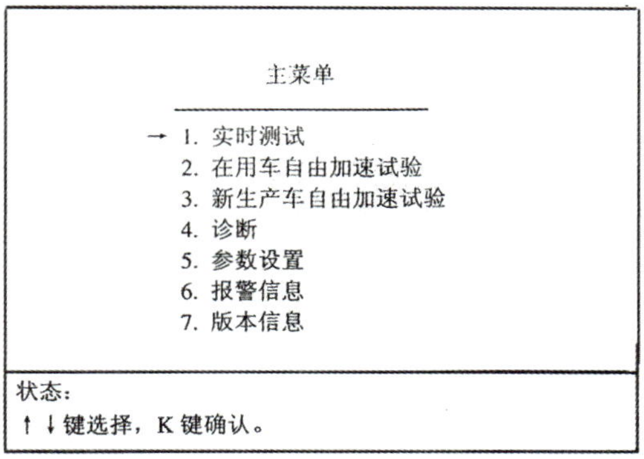

图 4-2-6　主菜单界面

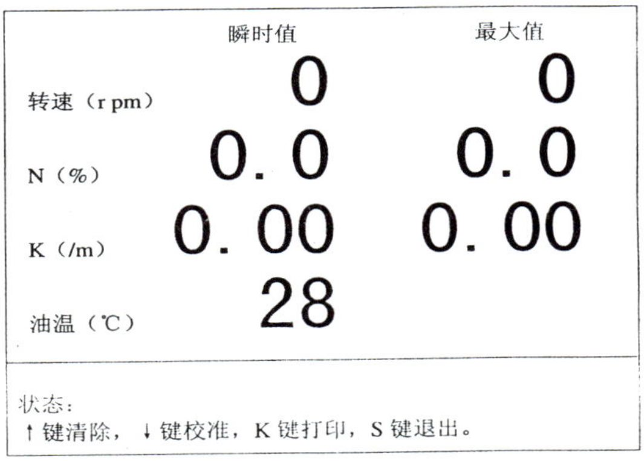

图 4-2-7　实时测试界面

② 被测车辆在进行测试前须热车一段时间，若车辆正在行驶，则不必热车。

③ 若需要测量发动机转速，可参考“8．转速测量”的方法。

④ 若需要测量发动机油温，可参考“9．油温测量”的方法。

⑤ 在测量每一辆汽车前，应先按“↓”键，仪器将提示“正在校准，请稍等”。

注　意

校准前须将仪器的测量单元及取样探头放于清洁空气的环境下，以便仪器自动校准准确，否则测量结果可能会失准。当执行校准操作时，仪器在内部自动校准零位（0%）及满量程位（99.9%），校准过程约需 3 s。校准零位即校准仪器在全透光状态下的数值，校准满量程位即校准仪器在全遮蔽（不透光）状态下的数值。

⑥ 当仪器提示“校准完成”时，将测量单元放于汽车排气管附近。由于测量单元在

进行测量时，须吸入干净空气作为保护气幕，若吸入废气，则会影响测量结果。因此，测量单元不应放置在废气扩散的方向上，应与之保持直角，如图 4-2-8 所示。

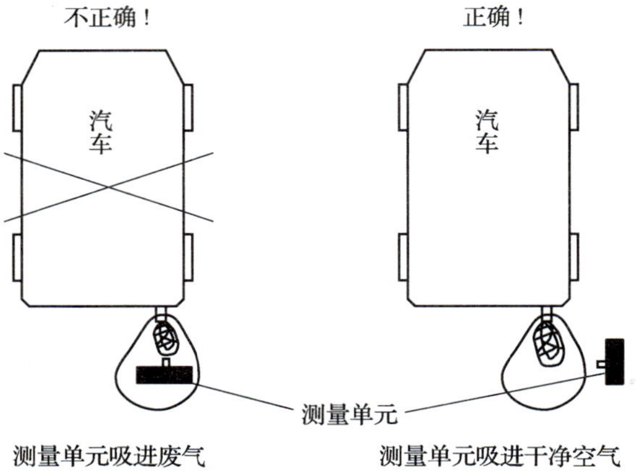

图 4-2-8　测量单元放置方式

⑦ 在将取样管插入车辆排气管前，应先将车辆油门连续踩下 2～3 次，使发动机内的烟炱全部排出，以便测量准确。将取样探头插入所测车辆的排气管时须注意取样探头必须插入排气管内约 30 cm。当排气管直线长度小于 30 cm 时，应尽可能插入以接近此长度，并且在任何时候都不应使取样探头的管口被排气管内的弯曲处阻挡，以免影响测量结果，如图 4-2-9 所示。此外，应保证取样探头插入方向与排气方向相一致。

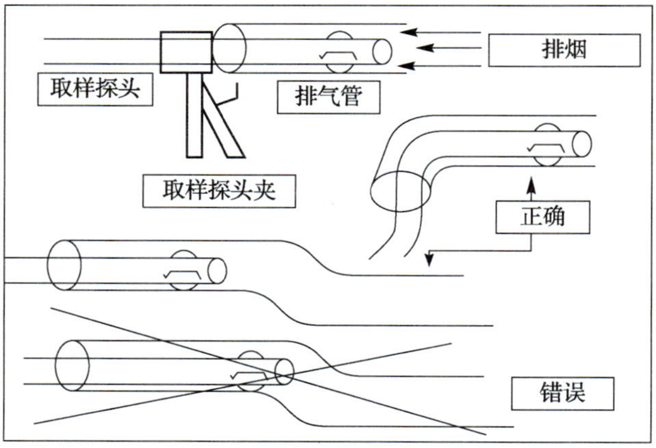

图 4-2-9　取样探头插入方式

⑧ 以上步骤完成后可对车辆进行加载稳速试验和单次自由加速试验。加载稳速试验可直接读取实时值作为测量采样数据。自由加速试验的方法为迅速踩下车辆的油门踏板，使发动机恢复至怠速状态。在发动机转速急剧上升过程中，排烟将会急剧增加，当发动机转速到达最高额定转速后，排烟将迅速减少。仪器不断采样此过程的数据，并不断比较，

找出最大值，并将它显示在屏幕的左边区域。测量过程中可按“K”键打印实时数据和最大值，最大值可保持，直至按“↑”键把最大值清除为止。最大值清除后，可开始另一次自由加速试验。测量完成，将取样探头从车辆的排气管中取出，将测量单元放回清洁处。对另一辆汽车进行测试，可重复以上②～⑧项步骤。若不需测量油温与转速，则第③项和第④项可省略。按“S”键可退出此界面，返回主菜单界面。

2. 在用车自由加速试验

在用车自由加速试验适用于环境保护部门、机动车检测站、汽车修理厂等单位，操作过程如下。

① 在主菜单界面选择“2. 在用车自由加速试验”，按“K”键确认后，仪器将进入在用车自由加试验界面，如图 4-2-10 所示。在此界面下，可按 GB 3847－2005 的规定进行 3 次自由加速试验，屏幕左边显示试验结果，右边显示瞬时值数据和测量次数，可动态观察仪器的测量状态。

在用车自由加速试验

光吸收系数峰值（/m）：		瞬时值：		
1）	0．00	转速	0	r
2）	0．00	N	0．0	%
3）	0．00	K	0．00	/m
平均值	0．00	油温	28	℃
怠速值：	0 r	测量次数：	0	

状态：
↑键开始，K 键打印，S 键退出。

图 4-2-10　在用车自由加速试验界面

② 被测车辆在进行测试前须热车一段时间，若车辆正在行驶，则不必热车。

③ 若需要测量发动机转速，可参考“8. 转速测量”的方法。

④ 若需要测量发动机油温，可参考“9. 油温测量”的方法。

⑤ 以上步骤完成后，可开始进行自由加速试验。对每一辆汽车进行测试时，操作员须按屏幕下部的提示进行操作，操作步骤如下。

a. 按“↑”键开始测试，屏幕将提示“请将探头放于清洁处，准备校准”。仪器延时 4 s 后将自动进入校准操作，并提示“正在校准，请稍等”。

b. 校准完成后，仪器将提示“校准完成，请插入探头并保持怠速”。此时操作员应先将车辆油门连续踩下至少 3 次，使排气系统和发动机内积累的烟炱全部排出。然后将测量单元放于汽车排气管附近（与排烟扩散方向保持直角）。再将取样探头插入车辆的排气管，并使汽车发动机转速保持在怠速状态，并按“K”键确认。仪器此时将检测车辆的怠速转速，并将此怠速显示在“怠速值”一栏中。

c．怠速检测完成后，仪器将提示“请加速”，见此提示后，操作人员可开始进行自由加速试验，其方法为迅速踩下车辆的油门踏板，使发动机急剧加速至最高额定转速，并保持该转速，直至屏幕提示出现“请减至怠速，并保持”为止（操作人员在远离仪器而看不到提示的情况下，可保持最高转速约 3 s 即可），然后立即松开油门踏板，使发动机恢复至怠速状态。仪器提示“请加速”的时间为 5 s，提示“请减至怠速，并保持”的时间为 10 s，超过 15 s 后，仪器将自动停止采样，转入数据处理程序，从采样数据中找出最大值，作为本次的测量结果，并将它显示在屏幕的左边区域上。

d．一次测试结束后会自动转入下一次测试，仪器将显示“请加速”，操作人员可重新开始另一次自由加速试验，此时可重复上一步操作，仪器只保存连续 3 次的测量数据，并在每次测试完成后立即显示本次的光吸收系数峰值。

e．按照 GB 3847—2005 的规定，在用车自由加速试验应重复 3 次，并将这 3 次峰值的算术平均值作为测量结果。此界面下连续试验 3 次试验完成后，此时将提示“测试中止，数据无效”。试验结束后，可按“K”键打印 3 次试验的峰值及其平均值、怠速值。

⑥ 测量完成，将取样探头从车辆的排气管中取出，将测量单元放回清洁处。对另一辆汽车进行测试，可重复以上②～⑤项步骤。若不需测量油温与转速，则第③项和第④项步骤可省略。

3．新生产车自由加速试验

新生产自由加速试验适用于发动机制造厂、汽车制造厂等单位。

在主菜单界面选择“3．新生产车自由加速试验”后，仪器将进入新生产车自由加速试验界面，如图 4-2-11 所示。新生产自由加速试验的操作步骤与在用车自由加速试验的操作步骤相同。

新生产车自由加速试验

光吸收系数峰值（/m）：		瞬时值：		
1）	0．00	转速	0	r
2）	0．00	N	0．0	%
3）	0．00	K	0．00	/m
4）	0．00	油温	28	℃
平均值	0．00			
怠速值：	0 r	测量次数：	0	

状态：
↑键开始，K 键打印，S 键退出。

图 4-2-11　新生产自由加速试验界面

4．诊断与准确性检查

在主菜单界面选择“4．诊断”后，仪器将进入诊断界面，如图 4-2-12 所示。此界面可进行校准操作和准确性检查，并可显示测量单元的内部数据，以便发生故障时对测量单元进行诊断。

N（原始值）：	0．0	%
K（原始值）：	0．00	/m
排烟温度　：	50	℃
测量管壁温度：	80	℃
检测器温度　：	45	℃
发光源温度　：	45	℃
内部环境温度：	40	℃
左风扇电流　：	400	mA
右风扇电流　：	400	mA
电源电压　：	14．8	V
实时光强　：	3500	
全暗强度　：	385	

状态：
↓键校准，S 键退出。

图 4-2-12　诊断界面

由于仪器在进行校准时，只校准了零位和满量程位。因此，在此两点之间的线性则靠仪器的电子与光学器件保证。在仪器使用一段时间后，可能会因为光学器件被污染或电子元件老化而引起测量误差，所以必须进行准确性检查。“诊断”界面所显示的不透光度和光吸收系数是未经修正的原始数值（光通道有效长度为 215 mm），而其他界面所显示的数值均是已修正的数值（光通道标准等效长度为 430 mm），用户应定期使用此界面对仪器进行准确性检查，以保证仪器的测量精度。准确性检查按以下步骤进行。

① 进入“诊断”界面后，按“↓”键进行校准。

② 校准完成后用滤光片插入测量单元底部靠光电检测器一侧的引导槽中。屏幕上显示的不透光度值（原始值）减去滤光片的标准数值即为示值误差。在检查准确性的过程中，切勿将测量单元倒置或倾侧，否则会影响测量结果。滤光片使用完毕后，应立即放回盒中，以免长时间曝光损坏滤光片。滤光片必须定期检查，以保证其数值准确。在使用前，若滤光片脏，可用镜头纸清洁，不要用酒精或其他清洁剂清洗。

5．参数设置

在主菜单界面选择“5．参数设置”后，仪器将进入参数设置界面，如图 4-2-13 所示。此界面能对仪器内部的三项参数进行修改和保存。在出厂前，仪器所有参数已设置为缺省值，一般情况下不须进行修改。但在特殊情况下，用户可根据实际使用情况做适当修改。此界面只供专业维修或管理人员使用，操作人员不得随意更改。此界面的所有参数保存于仪器内部，断电后不会丢失。

参数设置

→1．发动机冲程　：　四冲程

2．转速测量方式　：　压电式

3．滤波常数　：　模式 1

4．恢复出厂设置

状态：

↑↓键选择、修改，K 键确认，S 键退出。

图 4-2-13　参数设置界面

“发动机冲程”有“两冲程”和“四冲程”两项可供选择。此项参数影响压电式转速测量的准确性，而对光电式和电池式转速测量不起任何作用。用户在测量转速前应准确设置此项参数。

“转速测量方式”有“压电式”“光电式”和“电池式”三项可供选择，用户应根据所使用的测量方式正确选择。

“滤波常数”有“模式 1”和“模式 2”两项可供选择。根据不同的设置，仪器在进行数据处理时选用不同的滤波常数。当设置为“模式 1”时，仪器的滤波作用较大，测量响应时间约为 1 s；当设置为“模式 2”时，仪器的滤波作用较小，测量响应时间约为 0.5 s。用户可根据实际需要，对此项参数进行设置。

在选“恢复出厂设置”项时，只需按“K”键即可使三项参数恢复至出厂时的内容。

6．报警信息

控制单元能实时监控测量单元的内部状态，当测量单元内部发生故障或未达到可测量状态时，控制单元能及时向用户发出报警，在各界面的右下角显示“报警”字样，并且不断闪烁。若用户发现仪器报警，可通过查询“报警信息”界面确定报警原因，以便进行保养与维修。

在主菜单界面选择“6．报警信息”后，仪器将进入报警信息界面，如图 4-2-14 所示。在此界面中，当故障出现时，则相对应故障信息前的“（ ）”内将出现“*”号，当故障消除后“*”号也会自动消除。当任何一项信息前出现“*”号，各界面的右下角将出现“报警”字样，当所有“*”号消失，则“报警”字样消失。

报警信息

（　）内部环境温度超出范围
（　）检测器温度超出范围
（　）测量管管壁温度超出范围
（　）电源电压超出范围
（　）不透光度值超出范围
（　）风扇电流超出范围
（　）风扇平衡性超出范围
（　）圈透光强超出范围
（　）全暗光强超出范围
（　）存储器数据错误

状态：
S键退出。

图 4-2-14　报警信息界面

7. 版本信息与显示亮度调整

在主菜单界面选择“7. 版本信息”后，仪器将进入版本信息界面，如图 4-2-15 所示。此界面显示仪器的型号、名称及版本号，并可以使用“↑”“↓”键调整液晶显示屏的亮度。

NHT-1

不透光度计

版本 7.1

状态：
↑↓键调整亮度，S 键退出。

图 4-2-15　版本信息界面

8. 转速测量

本仪器可配置三种转速测量方式，即压电式、光电式和电池式，各适用于不同的场合。

压电式适用于汽车制造与维修行业，其特点是测量准确，但操作较复杂。光电式和电池式适用于汽车检测站以及环保部门，其特点是操作较为方便。NHT-1 型不透光烟度计的常规配置方式是压电式，其他方式所需的器件可由用户选购。

压电式转速测量的原理是通过测量柴油发动机喷油管的喷油脉动而间接测量出发动机的转速。其测量方法为先关闭所测车辆的柴油发动机，再将转速夹夹于柴油机的喷油管上。转速夹夹持方法如图 4-2-16 所示。

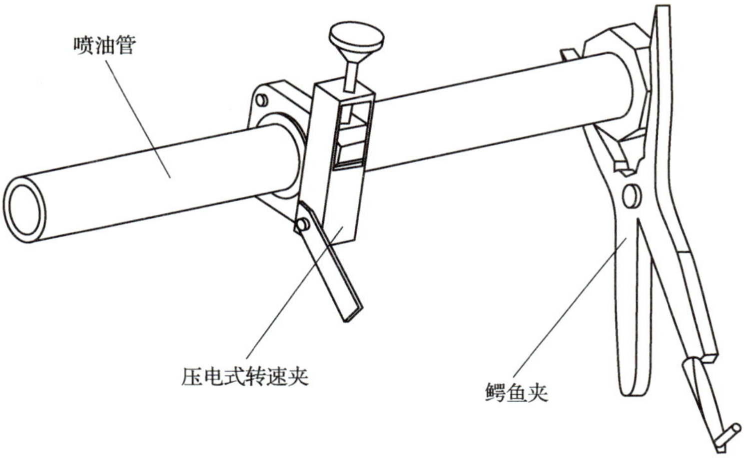

图 4-2-16　转速夹夹持方法

① 使用前，应先测量所测车辆柴油发动机的喷油管直径，以便使用相应直径尺寸的压电式转速夹。

② 测量前应先检查所夹喷油管位置是否有油污、灰尘或油漆。若有，则应先用细砂纸清除，并用布擦干净，以确保能导电。并且，转速夹所夹喷油管位置应圆而直，无伤痕或弯曲等情况，且应选在靠近喷油口一端，远离发动机气缸一端。

③ 将转速夹的接线端插入连接电缆的连接器，并夹于喷油管上，然后用手拧紧转速夹上的固紧螺母。转速夹与喷油管完全接触后，再将固紧螺母多拧 1/4 周即为拧紧状态。切勿用机械工具拧紧，以免损坏转速夹，从而导致测量数据不稳定，而连接电缆的鳄鱼夹则夹于喷油管的螺母上。

④ 正确设置转速测量方式和发动机冲程数，否则将影响转速测量的准确性，具体的设置方法请参考“参数设置”一节。

以上①～④项必须严格执行，否则可能导致测量不准确或不稳定。

9. 油温测量

测量发动机油温前，应先关闭所测车辆的柴油发动机，然后将油温探头插入部分擦干净，插入发动机的油缸中，探头长度应与油表尺长度一致（可用探头上的封口橡胶进行调节），否则发动机和油温探头均可能会损坏。插入后用探头上的封口橡胶堵住插入口，以防机油喷出。测量完毕应将探头上的机油用布清除干净，且不能将油温探头折叠或过分弯曲，以防损坏探头。

四、实施检测作业

使用检测仪对柴油发动机废气进行检测，完成任务二的检测工作，如表 4-2-2 所示。

表 4-2-2　柴油发动机废气检测作业

刘先生在驾车时发现他的汽车排气管冒黑烟，送入维修厂进行检查			
1．车辆故障现象的描述及检验确认	故障描述	进行废气检测	
	检验确认	使用不透光烟度计（NHT-1）进行检验确认	
2．柴油发动机废气检测	检测项目	作业要领	测试记录

五、检验与评估

任务二完成情况的检验评估表如表 4-2-3 所示。

表 4-2-3　任务二的检验与评估

评价指标	检验说明		检验记录		
维护检查项目					
车辆运行情况					
评价内容	检验指标	权重	自评	互评	总评
检查任务完成情况	1．完成任务过程情况				
	2．任务完成质量				
	3．在小组完成任务过程中所起作用				
专业知识	1．能描述不透光烟度计的作用				
	2．能描述废气测量的标准				
	3．能描述不透光烟度计的使用注意事项				
	4．能描述不透光烟度计的操作步骤				
	5．能描述不透光烟度计的作业安全事项				
职业素养	1．学习态度：积极主动参与学习				
	2．团队合作：与小组成员一起分工合作，不影响学习进度				
	3．现场管理：服从工位安排，执行实训室“5S”管理规定				
综合评议与建议					

六、项目拓展

数字式烟度计（FD-2）的使用

在柴油发动机排放的废气中，以在全负荷和加速工况时排出的黑烟最为常见。黑烟的发暗程度用排气烟度表示，排气烟度用烟度计进行检测。

FD-2 型数字式烟度计是采用光电检测原理，通过滤纸从汽车排气管吸取一定量废气和烟，再用光线照射附着在纸上的炭粒，根据其反射光线的程度，用污染指示出烟的浓度的一种仪器。

（一）仪器的主要技术性能

1. 额定使用条件

环境温度：0～40℃；

相对湿度：＜85%；

电源电压：AC 220 V，误差≤±10%；

电源频率：50 Hz，误差≤±1%；

内置电源：7.5 V 可充电电池。

2. 测量范围

烟度：0～10 Rb；

烟度的最小分辨率：0.1 Rb。

3. 结构组成

FD-2 型烟度计是属于半自动滤纸式烟度计，由抽气泵、指示器和烟度显示部分组成。

- 抽气泵：抽气泵泵体内有橡胶活塞，其工作容积为 330 ml。抽气泵用夹头体紧固在排气管上，采样探头紧固在排气管口上，抽取柴油机排出烟气。
- 指示器：由电源系统、光电发讯器、放大及烟度显示部分等组成。
- 烟度显示部分：烟度指示器面板上安装有调零电位器、电源指示、充电指示和电源开关及数字显示屏。

（二）测试前仪器的准备

① 将气密性能良好的抽气泵用管夹板固定在汽车或附近零件上；由于小轿车的排气管位置离地面较近，故夹板可倾斜安装。

② 将带散热片的取样管插入汽车排气管中，把夹头体用紧固螺母夹紧在排气管上，调整插入深度（300 mm），然后拧紧固定，如图 4-2-17 所示。

③ 接上电源和光电发讯器的连接线。

④ 接通电源开关，对仪器预热 15 min。

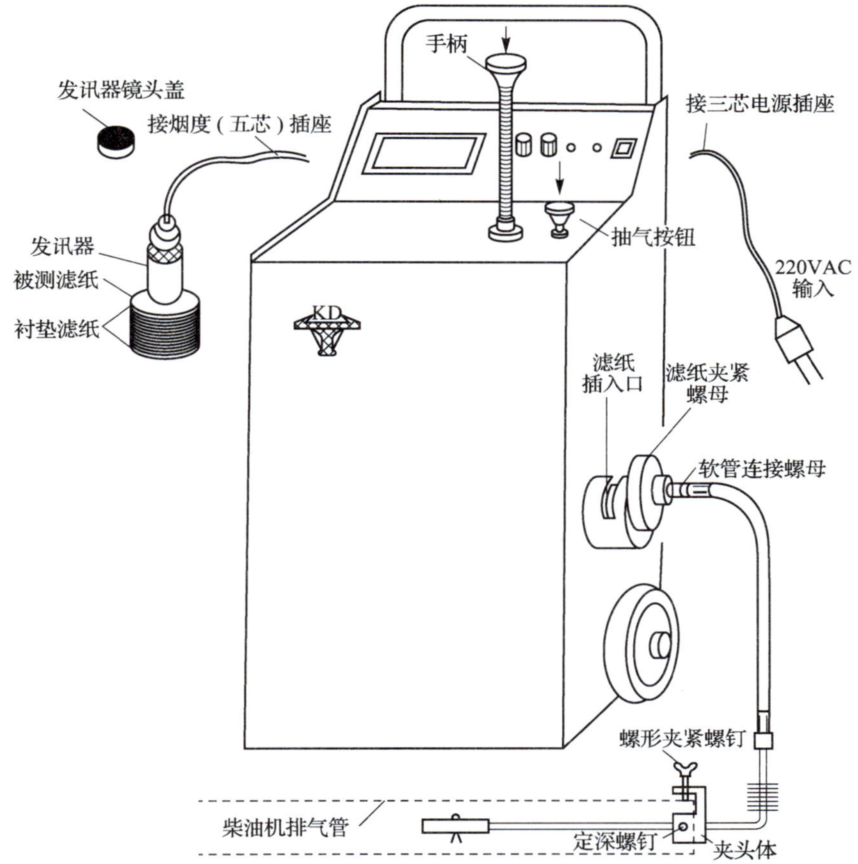

图 4-2-17　FD-2 型数字式烟度计使用示意图

⑤ 将光电发讯器镜头竖直放在叠起（十张以上）的滤纸上，转动仪器的“对零”旋扭（左旋扭），令仪器表针指向零位。

⑥ 将烟度计标准染纸放在叠起的滤纸上，将光电发讯器镜头竖直放在标准染纸上，转动仪器的“调整”旋扭（右旋扭），使指针调整到标准滤纸所标的数值上，如标准纸为 4.9 Rb，则指针也应调至 4.9 Rb。反复进行 3～4 次使仪表指针符合要求。

⑦ 拧上气泵软管连接螺母，连接气泵与取样管。

⑧ 用力将手柄压下，直至自锁，使气泵处于待命状态，如图 4-2-18 所示。

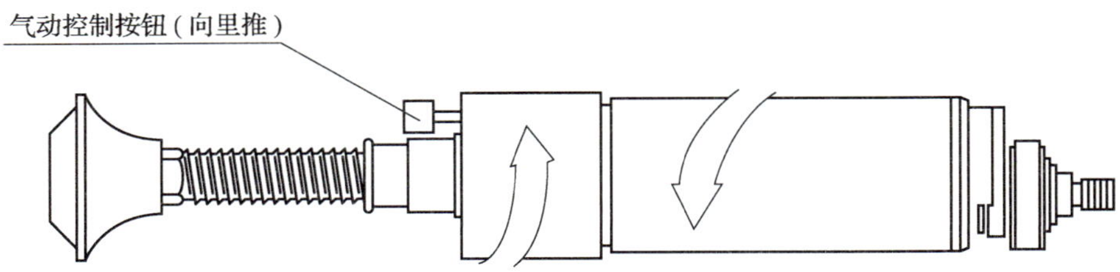

图 4-2-18　FD-2 型柴油机烟度计抽气泵示意图

（三）测试步骤

① 使发动机处于正常的工作温度（75～85℃）状态。

② 旋松滤纸的夹紧螺母，则滤纸插入口打开，然后小心插入滤纸，再旋紧夹紧螺母。

③ 把取样探头插入柴油机排气管内 300 mm 处，拧紧蝶形螺钉锁定取样管（要保持其中心线与排气管平行）。

④ 在发动机怠速工况将加速踏板迅速踩到底，令发动机运转到最大转速并保持约 4 s 后松开，如此反复 3 次（要求每次高速运转 4 s，再放松油门怠速运转 11 s），其目的是利用压缩空气对取样软管和取样探头的清洗和将排气管内的烟炱吹净。

⑤ 完成上述操作后再进行取样测试。将加速踏板迅速踩到底并保持约 4 s 后，用力按下仪器上的取样键，维持发动机怠速运转 11 s，废气取样便在此期间内完成。废弃取样要重复进行 3 次。

⑥ 每次取样后都要旋松滤纸夹紧螺母，小心取出被染黑的滤纸，并做好记录，然后更换新滤纸。

⑦ 检测烟感度，将染黑的滤纸，放在叠起的滤纸上，用光电发讯器竖直放在被测滤纸上，使发讯器端口外圆与滤纸的压痕圆圈重合，读出显示屏的数据即为排气烟度值。全部排气烟度值的算术平均值即为该发动机的排放烟度值。

（四）技术要求

烟度排放标准：不大于 4.5 Rb。

（五）检测中的注意事项

① 滤纸必须保持清洁，不能受潮变色。变质后的滤纸均不能使用，以免影响测量结果。

② 需要检查抽气泵的气密性能。

（六）容易出现的问题

① 用于竖直放光电发讯器镜头的叠起滤纸太薄（张数太小），造成漏光，导致感应不准确。

② 取样前，没有进行 3 次令发动机运转到最大转速的操作，导致压缩空气对取样软管和取样探头的清洗不干净。

（七）诊断结果分析

排放超标的原因是燃油未燃烧或未完全燃烧，可能是供油系的供油提前角和供油量的调整不当引起的。

任务三　汽车噪声检测

任务导入	张先生驾驶一辆 1.5 L 的威乐，车主感觉在高速行驶时发动机声音太大，并且也不能清晰地听见车外的声音。当时速高于 80 km/h 时，轮胎发出的声音格外明显，送入维修厂进行检查
任务目标	了解声级计的使用注意事项 掌握声级计的使用方法
任务实施	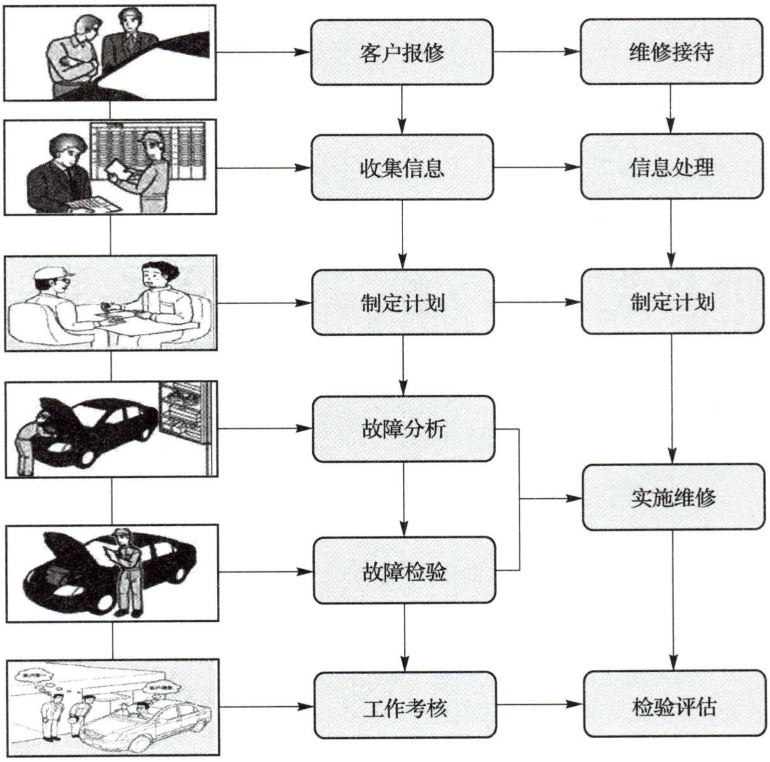

一、维修接待

按照表 4-3-1 进行任务三的维修接待，并准确填写接车问诊表。

表 4-3-1　维修接待与接车问诊表

1. 通过询问客户了解车辆使用情况，填写接车问诊表
2. 车间检测初步确认结果：进行噪声检测

接 车 问 诊 表

车牌号：__________　车架号：__________　行驶里程：________（km）
用户名：__________　电　话：__________　来店时间：___/____

用户陈述：在高速行驶时发动机声音太大，并且也能清晰地听见车外的声音。当时速高于 80 km 时，轮胎发出的声音格外明显

接车员检测确认建议：进行噪声检测确认

车间检测确认结果及主要故障零部件：进行噪声检测确认

车间检查确认者：

外观确认：

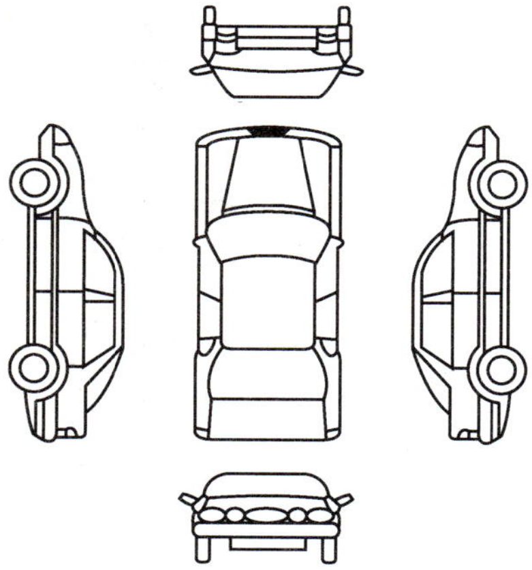

（请在有缺陷部位作标识）

功能确认：（工作正常 √　不正常×）
□音响系统　□门锁（防盗器）□全车灯光
□工具　□后视镜　□天窗　□座椅
□点烟器　□玻璃升降器　□玻璃

物品确认：（有 √　无×）

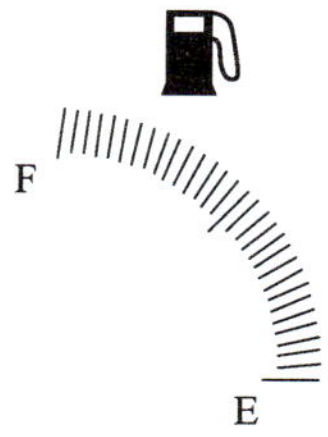

贵重物品提示
□工具　□备胎　□灭火器
□其他（　　　　　　）
旧件是否交还用户
□是　□否
用户是否需要洗车
□是　□否

· 检测费说明：本次检测的故障如用户在本店维修，检测费包含在修理费用内；如用户不在本店维修，请您支付检测费。本次检测费：¥________元
· 贵重物品：在将车辆交给我店检查修理前，已提示将车内贵重物品自行收起并保存好，如有遗失恕不负责

接车员：________________　用户确认：________________

二、信息收集与处理

（一）仪器的主要技术性能

本任务选用的检测仪为便携式声级计。

声级计是一种能按人耳听觉特性近似地测定工业噪声、生活噪声和交通噪声等噪声级的仪器，其面板图如图 4-3-1 所示。噪声级是指用声级计测得的并经过听感修正的声压级，单位为分贝（dB）。

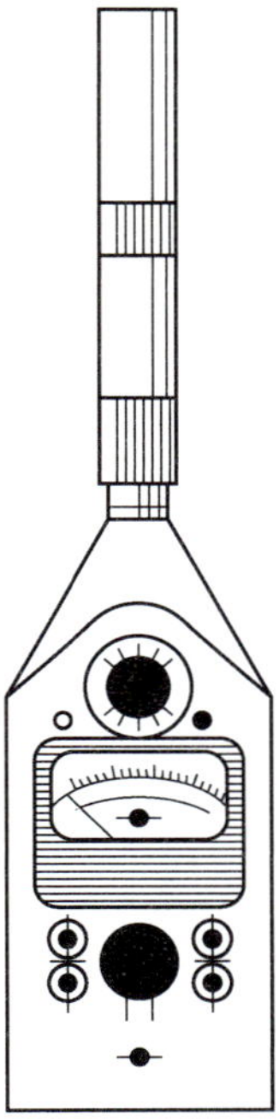

图 4-3-1　声级计面板图

1．额定使用条件

① 环境温度：0～50℃；

② 相对湿度：＜95%；

③ 内置电源：DC 9 V；

④ 测量精度：＜2 dB。

2．测量范围

① 声压级：0～120 dB；

② 频率：1 000 Hz。

3．结构组成

声级计一般由传声器、放大器、衰减器、计权网络、检波器、指示表头和电源等组成。

- 传声器：把声压信号转变为电压信号的装置，也称为话筒，是声级计的传感器。
- 放大器和衰减器：目前流行的许多国产与进口的声级计在放大线路中都采用两级放大器，即输入放大器和输出放大器，其作用是将微弱的电信号放大。输入衰减器和输出衰减器是用来改变输入信号衰减量和输出信号衰减量的，以便使表头指针指在适当的位置，其每一挡的衰减量为 10 dB。

- **计权网络：**把电信号修正为与听感近似值的网络。通过计权网络测得的声压级，已不再是客观物理量的声压级（线性声压级），而是经过听感修正的声压级，称为计权声级或噪声级。
- **检波器和指示表头：**为了使经过放大的信号通过表头显示出来，声级计还需要有检波器，以便把迅速变化的电压信号转变成变化较慢的直流电压信号。

（二）技术要求

① 车外最大允许噪声级应符合表 4-3-2 的国标规定。

表 4-3-2　车外最大允许噪声级

车辆种类		车外最大允许噪声级不大于/dB	
		1985 年 1 月 1 日前生产的产品	1985 年 1 月 1 日起生产的产品
载货汽车	8 t≤载质量≤15 t	92	89
	3.5 t≤载质量≤8 t	90	86
	载质量＜3.5 t	89	84
轻型越野车		89	84
公共汽车	4 t＜总质量＜11 t	89	86
	总质量≤4 t	88	83
轿车		84	82
摩托车		90	84
轮式拖拉机（44 kW 以下）		91	86

② 车内最大允许噪声级不大于 82 dB。

③ 汽车驾驶员耳旁噪声级应不大于 90 dB。

④ 机动车喇叭噪声级在距车前 2 m，离地 1.2 m 处测量时，其声级应为 A 声级（90～115 dB）。如超出标准，应对喇叭进行调整。

（三）想一想

1．描述声级计的作用。

2．汽车噪声都有哪些危害？

3. 简述声级计的使用方法。

4. 声级计的测量标准是多少？

三、制定检测计划

（一）测试前仪器准备

① 连接。测量前打开底盖后，按规定安装电池，并连接装上传声器，按下“ON”键使仪器接通电源，预热 10 min。

② 检查电池电量。按下电池检验键“BAT”后，指针应指在粗弧线范围内，否则表示电池电量不足，应更换电池。检查完毕再次按“BAT”键使其复位。

③ 校准仪器。先将量程控制器置于 90 dB 位置，然后按下“MEAS/CAL”键，用螺丝刀在机侧右边小孔内进行调整，将表针调到表内带△标记（4 dB）的位置。

④ 频率计数按键“A/C”的使用。当“A/C”键处于原始位置时，表示仪器可作 A 计数声压级测量。当按下“A/C”键时，表示仪器可作 C 计数声压级测量。通常均使用 A 计数作声压级测量。当指针快速摆动时，则应换至慢（S）挡。

⑤ 时间计数键“F/S”的使用。当“F/S”键处于原始位置时，表头工作在快（F）挡，出现表针快速摆动则应该换到慢（S）挡进行测量。按一下“F/S”键即为慢挡检测。

⑥ 刻度值表示。零上为正值（刻度线以上），零下为负值，长刻度线为 1 dB 的分度，短刻度线为 0.5 dB 的分度。

⑦ 量程控制器的使用。转动量程控制器可以选择合适测试量程，读数时应将量程读数加上表针示值。

例如，量程控制器在 90 dB 挡，表针指示值为 4 dB 时，其实际读数为 90+4=94（dB），若表针指示值为−5 dB 时，则读数为 90−5=85（dB）。

（二）制定检测步骤

1. 车外噪声测量方法

（1）测量条件

① 测量场地应平坦而空旷，在测试中心周围 25 m 的半径范围内，不应有大的反射物，如建筑物、围墙等。

② 测试场地跑道应有 20 m 以上的平直、干燥的沥青路面或混凝土路面，路面坡度不

超过 0.5%。

③ 本底噪声（包括风噪声）应比所测车辆噪声至少低 10 dB。并保证测量不被偶然的其他声源所干扰。本底噪声是指测量对象噪声不存在时，周围环境的噪声。

④ 为避免风噪声干扰，可采用防风罩，但应注意防风罩对声级计灵敏度的影响。

⑤ 声级计附近除测量者外，不应有其他人员，如不可缺少时，则必须在测量者背后。

⑥ 测量时被测车辆不应载重，且发动机应处于正常使用温度。车辆的其他辅助设备亦是噪声源，测量时是否开动，应按正常使用情况而定。

（2）测量场地及测点位置

如图 4-3-2 所示为汽车噪声的测量场地及测量位置，传声器位于 20 m 跑道中心点 *O* 的两侧，各距中线 7.5 m，距地面高度 1.2 m，用三角架固定且平行于路面，其轴线垂直于车辆行驶方向。

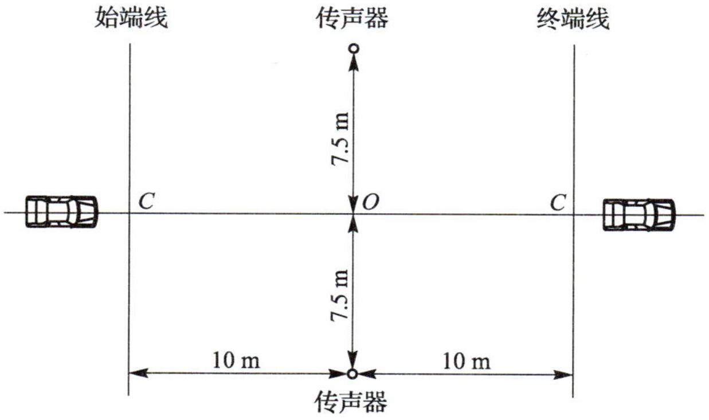

图 4-3-2　车外噪声测量场地及测量位置

（3）加速行驶车外噪声的测量方法

① 车辆须按规定条件稳定地到达始端线，前进挡位为 4 挡以上的车辆用第 3 挡，前进挡位为 4 挡或 4 挡以下的用第 2 挡，发动机转速为其标定转速的 3/4。如果此时车速超过了 50 km/h，那么车辆应以 50 km/h 的车速稳定地到达始端线。对于自动变速器的车辆，使用在试验区间加速最快的挡位。辅助变速装置不应使用。在无转速表时，可以控制车速进入测量区，即以相当于 3/4 标定转速的车速稳定到达始端线。

② 当车辆前端到达始端线时，立即将加速踏板踩到底使节气门全开，直线加速行驶；当车辆后端到达终端线时，立即停止加速。车辆后端不包括拖车以及和拖车连接的部分。

本测量要求被测车在后半区域发动机达到标定转速，如果车速达不到这个要求，可延长 *OC* 距离为 15 m，如仍达不到这个要求，车辆的使用挡位要降低一挡。如果车辆在后半区域超过标定转速，可适当降低到达始端线的转速。

（4）匀速行驶车外噪声的测量方法

车辆用常用挡位，加速踏板保持稳定，以 50 km/h 的车速匀速通过测量区域。

（5）车外噪声测量的注意事项

① 声级计用“A”计权网络、“快”挡进行测量，读取车辆驶过时声级计表头的最大读数。

② 同样的测量应往返各进行 1 次。车辆同侧两次测量结果之差应不大于 2 dB，并把测量结果记入规定的表格中。取每侧 2 次声级平均值中最大值作为检测车的最大噪声级。若只用 1 只声级计测量，同样的测量应进行 4 次，即每侧测量 2 次。

2. 车内噪声测量方法

（1）测量条件

① 测量跑道应有足够试验需要的长度，应是平直、干燥的沥青路面或混凝土路面。

② 测量时风速（相对于地面）应不大于 3 m/s。

③ 测量时车辆门窗应关闭。车内的其他辅助设备亦是噪声源，测量时是否开动，应按正常使用情况而定。

④ 车内本底噪声应比所测车内噪声至少低 10 dB，并保证测量不被偶然的其他声源所干扰。

⑤ 车内除驾驶员和测量人员外，不应有其他人员。

（2）测点位置

① 车内噪声测量通常在人耳附近布置测点，传声器朝向车辆的前进方向。

② 驾驶室内噪声的测点位置如图 4-3-3 所示。

③ 载客车室内噪声测点可选在车厢中部及最后一排座的中间位置，传声器高度参考图 4-3-3。

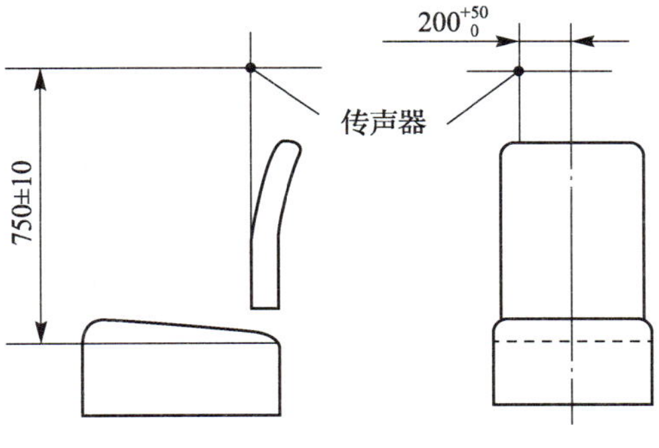

图 4-3-3 驾驶室内噪声测点的位置

（3）测量方法

① 车辆以常用挡位、50 km/h 以上的不同车速匀速行驶，分别进行测量。

② 用声级计“慢”挡测量“A”“C”计权声级，分别读取表头指针最大读数的平均值，测量结果记入规定的表格中。

③ 做车内噪声频谱分析时，应包括中心频率为 31.5 Hz，63 Hz，125 Hz，250 Hz，500 Hz，1 000 Hz，2 000 Hz，4 000 Hz，8 000 Hz 的倍频带。

3. 驾驶员耳旁噪声的测量方法

① 车辆应处于静止状态且变速器置于空挡，发动机应处于额定转速状态。

② 测点位置如图 4-3-3 所示。

③ 声级计应置于“A”计权、“快”挡。

4. 汽车喇叭声的测量

汽车喇叭声的测点位置如图 4-3-4 所示，测量时应注意不被偶然的其他声源峰值所干扰。测量次数宜在 2 次以上，并注意监听喇叭声是否悦耳。

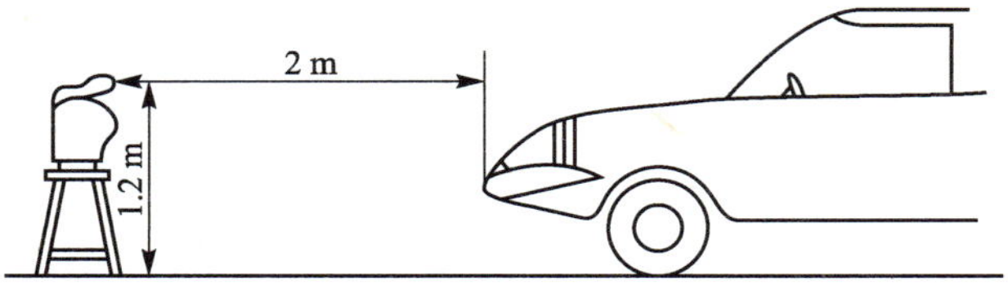

图 4-3-4 汽车喇叭噪声的测点位置

四、实施检测作业

使用声级计对汽车噪声进行检测，完成任务三的检测工作，如表 4-3-3 所示。

表 4-3-3 汽车噪声检测作业

<table>
<tr><td colspan="4">张先生驾驶一辆 1.5 L 的威乐，车主感觉在高速行驶时发动机声音太大，并且也不能清晰地听见车外的声音。当时速高于 80 km 时，轮胎发出的声音格外明显，送入维修厂进行检查</td></tr>
<tr><td colspan="2" rowspan="2">1. 车辆故障现象的描述及检验确认</td><td>故障描述</td><td>进行噪声检测</td></tr>
<tr><td>检验确认</td><td>使用便携式声级计进行检验确认</td></tr>
<tr><td rowspan="6">2. 汽车噪声检测</td><td>检测项目</td><td>作业要领</td><td>测试记录</td></tr>
<tr><td></td><td></td><td></td></tr>
<tr><td></td><td></td><td></td></tr>
<tr><td></td><td></td><td></td></tr>
<tr><td></td><td></td><td></td></tr>
<tr><td></td><td></td><td></td></tr>
</table>

五、检验与评估

任务三完成情况的检验评估表如表 4-3-4 所示。

表 4-3-4　任务三的检验与评估

评价指标	检验说明		检验记录			
维护检查项目						
车辆运行情况						
评价内容	检验指标	权重	自评	互评	总评	
检查任务完成情况	1．完成任务过程情况					
	2．任务完成质量					
	3．在小组完成任务过程中所起作用					
专业知识	1．能描述声级计的作用					
	2．能描述声级计测量的标准					
	3．能描述声级计的使用注意事项					
	4．能描述声级计的操作步骤					
	5．能描述声级计的作业安全事项					
职业素养	1．学习态度：积极主动参与学习					
	2．团队合作：与小组成员一起分工合作，不影响学习进度					
	3．现场管理：服从工位安排，执行实训室“5S”管理规定					
综合评议与建议						

参考文献

［1］潘向民．汽车检测仪器设备使用技术［M］．北京：电子工业出版社，2009．

［2］杨庆传．汽车故障诊断与检测技术［M］．北京：人民交通出版社，2002．